Guide Pratique ASV

Nouveaux Animaux de Compagnie

Aide aux soins

Christophe Bulliot

docteur vétérinaire

Textes parus dans ASV Magazine
ISBN 2-86326-203-3
ISSN 1626-1836
Dépôt légal 2e trimestre 2004
Illustrations : Corinne Boudon

Avant-propos

Parfaitement formés pour la médecine et la chirurgie des chiens, des chats et des animaux de rente, l'auxiliaire vétérinaire et le vétérinaire sont parfois dépourvus face aux Nouveaux Animaux de Compagnie (NAC) de plus en plus variés et originaux. Déjà rentrés dans les mœurs depuis de nombreuses années en tant qu'animaux de compagnie, le lapin et le canari voient arriver à leurs côtés dans les rayonnages des animaleries des chiens de prairie et autres mygales. Et que penser quand on sait qu'il y a actuellement, en France, plus de NAC que de chiens ou de chats ?

De plus en plus nombreux, mais aussi de plus en plus choyés par leurs propriétaires, les NAC font l'objet d'une demande croissante en clinique vétérinaire. Leurs particularités anatomiques et physiologiques et l'étroite relation entre leur état de santé et les conditions souvent complexes de leur maintien en captivité rendent l'approche de ces animaux en consultation bien différente de celle du chien et du chat.

Au-delà des conseils sur leur entretien, l'ASV doit également avoir connaissance de la législation et des risques de zoonoses qui les concernent. Une maîtrise des techniques de contention adaptées et des gestes de base est essentielle pour une assistance technique du praticien en toute sécurité. Cet ouvrage a pour but de présenter les principales espèces de NAC rencontrées en clinique vétérinaire et d'aider l'ASV dans l'accueil et la gestion de ces animaux parfois insolites ainsi que dans l'assistance technique du vétérinaire.

L'auteur tient à remercier chaleureusement, Michèle Colin, docteur vétérinaire, pour sa confiance et Marie Bourdet, docteur vétérinaire, sans qui cet ouvrage n'aurait pas vu le jour.

Christophe Bulliot est docteur vétérinaire en clientèle canine et en référé NAC en région parisienne. Depuis 2000, il est enseignant vacataire sur les NAC au service de parasitologie de l'École Nationale Vétérinaire d'Alfort et formateur des ASV sur les NAC au Centre National de Formation par Alternance (CNFA) de Maisons-Alfort.

PREMIERE PARTIE

La place des NAC dans l'activité de l'ASV

PRÉSENTATION DU MONDE DES NAC

NAC est l'abréviation des termes Nouveaux Animaux de Compagnie. Les NAC représentent l'ensemble des animaux de compagnie à l'exception des chiens et des chats.

QU'EST-CE QU'UN NAC ?

Tout d'abord, il ne faut pas confondre un animal exotique maintenu en captivité avec un animal de compagnie. En effet, certains animaux ne peuvent pas être considérés comme des animaux de compagnie et ne peuvent être inclus dans les NAC. C'est notamment le cas des primates dont la détention est généralement à proscrire. Ces animaux sont potentiellement dangereux, et demandent de la part du propriétaire de grandes compétences et l'achat d'un équipement coûteux.

Les NAC englobent donc certains mammifères (lapins, cochon d'Inde, chinchilla, octodon, furet, rat, souris, hamster, gerbille, écureuil de Corée, chien de prairie, porc du Vietnam, etc.), les oiseaux (canari, petits exotiques, perruche, inséparable, perroquet, mainate, etc.), les reptiles (tortues, lézards, serpents), quelques espèces d'amphibiens (dendrobate, salamandre, etc.), les poissons, et quelques arthropodes (mygale, scorpion, etc.).

Il faut s'inquiéter de l'arrivée sur le marché des animaleries d'animaux de plus en plus « hors normes » et exotiques (mouffette, hérisson d'Afrique, wallaby, émeu, etc.). Le maintien en captivité de ces animaux soulève des problèmes d'éthique, d'hygiène, de sécurité et de législation. L'acquisition et la possession d'un animal doivent se faire de façon raisonnée en privilégiant, en priorité, son bien-être.

Le choix doit toujours se porter sur un animal né en captivité de façon à limiter les prélèvements en milieu naturel, à permettre une meilleure acclimatation et adaptation à la captivité (donc une agressivité potentiellement moindre) et à s'assurer d'une meilleure santé de l'animal (risques parasitaires notamment). Un particulier désireux d'acheter un animal doit se méfier des phénomènes de mode et s'informer des besoins de l'animal avant son acquisition.

Des phénomènes de mode, lourds de conséquences, sont apparus avec l'arrivée des NAC dans les animaleries. Le cas le plus connu est celui des tortues de Floride à tempes rouges *(Trachemys scripta elegans).* Des centaines de milliers de ces tortues ont été vendues de par le monde. Beaucoup d'acquéreurs, souvent mal informés par les vendeurs, ne se sont pas souciés ou n'ont pas eu conscience des contraintes imposées par un tel animal :

- une croissance rapide jusqu'à une taille de près de 30 cm de long, d'où nécessité d'acheter un aquaterrarium ;
- un maintien en captivité demandant un équipement (système de chauffage et de filtration) ;
- une longévité importante (15 à 30 ans) ;
- un régime alimentaire particulier (les crevettes desséchées classiquement vendues en animaleries sont en fait contre-indiquées pour ces animaux).

Beaucoup de ces tortues sont mortes en raison de conditions de détention totalement inadaptées. Beaucoup d'autres ont malheureusement été relâchées dans la nature par des propriétaires inconscients des conséquences de leur geste. En effet, cette espèce n'existant à l'état sauvage que sur les bords du fleuve Mississippi aux États-Unis, s'est adaptée à de nouveaux biotopes, comme c'est le cas en France où l'on rencontre actuellement, à l'état sauvage, des tortues de Floride à tempes rouges. L'arrivée de cette nouvelle espèce dans un environnement stable a été à l'origine d'un déséquilibre du système écologique. Dans le cas de la France, la cistude d'Europe *(Emys orbicularis),* tortue semi-aquatique vivant dans nos étangs et nos cours d'eau, est rentrée en compétition avec ce nouvel arrivant et son effectif a fortement diminué.

Il est inacceptable qu'un phénomène de mode, associé à un manque d'information des vendeurs et des acheteurs soit à l'origine d'une menace pour des espèces vivant à l'état naturel.

Parmi les NAC, on rencontre aussi des animaux plus « classiques » tels que le lapin, considéré comme un animal de compagnie depuis de très nombreuses années et qu'on ne peut donc pas qualifier de « nouveau ». Le terme de NAC semble inadapté pour certains auteurs, qui lui préfèrent celui de **PAC** (abréviation de **« Petits Animaux de Compagnie »**). Cette abréviation paraît elle aussi inadaptée quand il s'agit d'un porc du Vietnam de 40 kilos ou d'un python molure de 80 kilos. Enfin, certains utilisent le cigle **AAC,** abréviation de **« Autres Animaux de Compagnie ».**

LA PLACE DES NAC EN FRANCE ET LEURS PROPRIÉTAIRES

En 2002, une étude de la FACCO-SOFRES a montré un large engouement des français pour les animaux de compagnie : un foyer sur deux en possède au moins un. Il s'agit principalement de chiens, de chats et de NAC. Mais la répartition quantitative de ces trois catégories d'animaux peut surprendre !

En effet, si on considère le nombre d'animaux de compagnie, le premier animal choisi par les Français n'est pas le chien ni le chat, mais le poisson (qui fait partie intégrante des NAC). Les Français en possèdent près de 28 millions ! La plupart du temps absents des cliniques vétérinaires, les poissons peuvent faire l'objet, pour certaines espèces, d'une demande de soins de la part de leurs propriétaires en raison de leur valeur financière (carpes Koï, cichlidés, poissons d'eau de mer, etc.).

Toutefois, on constate fréquemment lors de l'apparition d'une maladie dans un aquarium, que les aquariophiles s'orientent plutôt vers les vendeurs en animaleries que vers les vétérinaires.

Les chats viennent en seconde position, avec plus de 9,5 millions d'individus, suivis par les chiens avec plus de 8,5 millions.

La quatrième position est occupée par les oiseaux (8 millions) suivis par les petits mammifères (2,3 millions) puis les reptiles (entre 500 et 800 000).

Même si on écarte les poissons, le nombre de NAC en France est supérieur à celui des chiens ou des chats, ce qui explique le potentiel très important des soins apportés à ces animaux pour les cliniques vétérinaires. À cette étude doivent être ajoutés des NAC plus insolites qui n'ont pas été comptabilisés (mygales, scorpions, amphibiens, etc.) et qui n'ont pas encore vraiment franchi les portes de nos cliniques.

Le lapin, le hamster et le cochon d'Inde représentent environ 80 % des petits mammifères de compagnie. Les canaris représentent près de la moitié des oiseaux de compagnie et les psittacidés un peu moins d'un tiers.

La clientèle NAC est très éclectique : toutes les catégories socioprofessionnelles et toutes les tranches d'âge sont concernées. On note cependant une prédilection des jeunes et notamment des enfants pour les petits mammifères. Les perroquets sont généralement détenus par des adultes (coût financier élevé, difficultés de maintenance). Les reptiles sont, quant à eux, souvent chez de jeunes adultes.

Il convient de souligner que le vétérinaire et l'ASV, souvent peu habitués à recevoir dans leur clinique de tels animaux, peuvent se retrouver face à un client ayant plus de connaissances qu'eux sur l'animal (sur les conditions de maintien en captivité, et parfois même sur l'anatomie, la physiologie et la pathologie).

Les « spécialistes » sont principalement les propriétaires d'oiseaux et de reptiles. Ces derniers ont par exemple pour habitude de donner le nom scientifique et non le nom « français » de l'espèce concernée. Ainsi, un propriétaire de reptile ne parle pas de son « python vert » et de son « agame aquatique » mais parle plutôt de son *Morelia* et de son *Physignathus*. C'est pour cela qu'un enseignement spécifique a été mis en place depuis quelques années dans les écoles vétérinaires et les centres de formation pour ASV.

Notons enfin une originalité de la consultation des NAC par rapport à celle des chiens et des chats : les NAC sont étroitement liés à leur environnement (se reporter aux chapitres correspondants) et sont parfois détenus en grand nombre. Le vétérinaire « canin » habitué à soigner un ou deux animaux dans le même foyer peut être amené, dans le cas des NAC, à soigner tout un effectif (volière, collection de reptiles, etc.). Le vétérinaire doit donc avoir une approche zootechnique comme c'est le cas pour les animaux de rente (observation du milieu de vie, de l'alimentation, des congénères, mise en place de dépistages, de traitements préventifs). Beaucoup de maladies sont liées à des conditions de détention erronées. Un traitement qui n'est pas associé à la correction de paramètres d'ambiance inadaptés est généralement voué à l'échec.

LE RÔLE DE L'ASV DANS L'ACQUISITION D'UN NAC

L'ASV est souvent sollicité sur le maintien en captivité des NAC mais parfois aussi avant une éventuelle acquisition. L'ASV doit donc connaître les différents critères à prendre en compte pour orienter au mieux le futur propriétaire dans son choix.

Âge du propriétaire

Diverses espèces sont à proscrire dans les foyers où il y a des enfants en raison de leur agressivité et de leur dangerosité potentielles (écureuil de Corée, chien de prairie, perroquet, serpent), de leur fragilité (chinchilla, canari, caméléon, etc.), et de leur vivacité rendant leur manipulation souvent impossible pour un jeune enfant (furet, oiseaux exotiques, couleuvre, etc.).

Espérance de vie du NAC

On rencontre parmi ces animaux des espèces ayant une espérance de vie courte (rat, souris, hamster, etc.) et à l'opposé des espèces ayant une espérance de vie très longue (perroquet, tortue de terre, boa, etc.).
Le futur propriétaire du NAC doit être conscient de l'engagement parfois à long terme qu'il prend lors de l'acquisition de son animal. Certaines espèces ayant une espérance de vie supérieure à celle de leurs propriétaires (exemple : la tortue boîte de Caroline dont la durée de vie record est de 120 ans). Ces derniers doivent prévoir l'avenir de leur animal au moment de leur décès.

Mode de vie de l'animal et relationnel

Une espèce ayant un mode de vie nocturne, telle que le chinchilla, n'est pas adaptée à des enfants. Cette espèce peut également être déconseillée à une personne vivant dans un studio, l'activité nocturne de l'animal risquant fort de contrarier son sommeil.

Certains propriétaires recherchent un animal avec lequel ils vont pouvoir avoir un contact et un lien affectif (cobaye, lapin). D'autres, recherchent l'aspect exotique et veulent recréer le milieu de vie naturel de l'espèce choisie pour l'observer sans forcément souhaiter la manipuler (mygale).

Connaissances et compétences du futur propriétaire

Si une grande majorité des gens peut s'improviser propriétaire de chien (animal connu du grand public, ayant peu d'exigences environnementales, demandant une alimentation et un équipement largement diffusés), il n'en est pas de même pour un varan ou une mygale.

L'acquisition d'un NAC passe obligatoirement par une recherche préalable de toutes les informations concernant son mode de vie et les conditions de son maintien en captivité. Outre les conseils que l'ASV peut donner, l'achat d'un ouvrage sur l'espèce concernée est fortement conseillé.

Temps à consacrer à l'animal

Certaines espèces demandent beaucoup de temps à leur propriétaire. C'est le cas notamment du chien de prairie qui, à l'état sauvage, vit en colonies de plusieurs milliers de congénères. Lorsqu'il se retrouve en captivité, il cherche donc continuellement un contact avec ses propriétaires (mini colonie).

À l'opposé, certaines espèces ont des mœurs très solitaires et peuvent même se passer totalement du contact avec l'humain (serpents par exemple). Le temps à consacrer à l'animal comprend également la distribution d'aliments, le nettoyage des cages, volières ou terrariums, et les soins à prodiguer à l'animal (brossage des lapins angora, coupe des griffes, etc.). Les animaux dont l'entretien nécessite le moins de temps sont les grands serpents adultes. Ceux-ci n'ont en effet pas besoin d'être manipulés, sont nourris une fois toutes les deux à quatre semaines, défèquent de manière ponctuelle et salissent donc peu leur terrarium.

Investissement financier

Il comprend le coût à l'achat (prix de l'animal et de l'équipement pour son maintien en captivité) et le coût à l'entretien (alimentation, soins vétérinaires, etc.). Si l'acquisition et l'entretien d'un hamster n'entraînent pas de grandes dépenses, ceux d'un iguane ou d'un perroquet nécessitent un budget élevé. De nombreuses espèces de reptiles peuvent valoir jusqu'à mille euros à l'achat. Diverses espèces de perroquets ont une valeur financière très importante (un cacatoès peut valoir entre 2000 et 3000 €).

À l'inverse, un iguane juvénile ne coûte pas très cher à l'achat (50 à 80 €) mais son entretien à l'âge adulte est bien plus onéreux : terrarium de taille imposante, équipement complexe, etc.

Enfin, il faut aussi prendre en compte, dans l'estimation de son coût d'entretien à long terme, l'espérance de vie de l'animal (50 ans de nourriture pour un perroquet par exemple). Les soins vétérinaires (vaccinations, chirurgie de convenance, etc.) sont à prévoir pour diverses espèces telles que le furet.

Place à consacrer à l'animal

Certaines espèces (hamster par exemple) ont un petit gabarit et ne nécessitent pas un espace vital trop important (des cages en hauteur permettent, pour une faible surface au sol d'augmenter la surface du milieu de vie de l'animal). À l'inverse, des espèces comme la tortue sillonnée *(Geochelone sulcata)* dont le poids adulte avoisine les 100 kilos et n'hibernant pas, demandent la conception de pièces acclimatées (ou de serres) pour la période hivernale.

Présence d'autres animaux

L'ASV peut être amené à informer le futur propriétaire sur une éventuelle cohabitation entre NAC d'une même espèce (gestion impérative de la reproduction, risque de combats, etc.). Il doit systématiquement déconseiller la cohabitation d'espèces différentes (besoins nutritionnels différents, transmission de maladies, etc.) et alerter sur les risques de cohabitation entre un NAC et un chien ou un chat.

Nuisances causées par certaines espèces

Deux inconvénients majeurs doivent être notés :
- le bruit (notamment pour les perroquets) ;
- l'odeur (rat, souris, furet, mainate).

Vacances

Partir en vacances avec un perroquet n'est pas aussi simple qu'avec un chien... Si le déplacement d'une souris et de son milieu de vie ne pose en général aucun problème, il n'en est pas de même pour un iguane. Certains NAC en raison de leur taille, de leur caractère « stressable » et de la complexité de leur milieu de vie, ne peuvent pas être déplacés. Il est alors indispensable, s'il veut partir en vacances, que le propriétaire ait une possibilité de gardiennage à domicile.

Choix entre un animal sauvage ou d'élevage

L'ASV peut orienter un client hésitant entre une espèce animale sauvage et l'acquisition de la même espèce issue d'un élevage.
Il faut souligner que lors de l'acquisition d'un animal sauvage :
- l'âge d'un animal adulte ne peut pas être déterminé ;
- l'animal est plus sensible au stress et moins adaptable à la captivité (et donc potentiellement plus agressif) ;
- l'animal est enfin plus sujet aux maladies (notamment parasitaires).

L'acquisition d'un animal né en élevage, bien que plus onéreuse, permet de limiter les prélèvements d'animaux en milieu naturel, et participe donc à la sauvegarde du patrimoine naturel.

Zoonoses, législation

Ces thèmes sont détaillés plus loin dans cet ouvrage.

LES NAC EN CLINIQUE VÉTÉRINAIRE

Même si les principaux motifs de consultation sont analogues (maladies, urgences, chirurgie, conseils d'entretien, sexage), on n'aborde pas un NAC en clinique vétérinaire de la même façon qu'un chien ou qu'un chat.
Ce chapitre met en relief les différences majeures rencontrées en clinique vétérinaire pour l'accueil et la consultation d'un NAC en relation avec le rôle de l'ASV.

LES TACHES DE L'ASV CONCERNANT LES NAC

Les principales fonctions de l'ASV concernant les NAC sont analogues à celles relatives aux chiens et aux chats :

- L'accueil téléphonique, la gestion de la salle d'attente et de la salle de consultation.
- La préparation du matériel pour la contention, la consultation, la chirurgie et l'hospitalisation des NAC.
- La contention et l'aide aux soins des animaux.
- La mise à disposition des médicaments prescrits.

L'ACCUEIL TÉLÉPHONIQUE

L'accueil téléphonique d'un propriétaire de NAC doit être l'occasion pour l'ASV de :

- **Détecter le caractère urgent de la consultation** (se reporter au chapitre « Les urgences chez les NAC ») et donner des indications relatives aux premiers soins à apporter à l'animal malade.
- **Informer un client sur le maintien en captivité de son animal** (milieu de vie, alimentation, reproduction, etc.), son identification, les questions légales concernant sa détention et les maladies potentiellement transmissibles à l'homme (se reporter aux chapitres correspondants).

- **Donner les indications sur le transport de l'animal** qui doit se dérouler dans les meilleures conditions pour lui éviter tout stress. Le transport doit toujours se faire dans le plus grand calme (limiter le volume de l'autoradio, éviter les transports en commun, etc.). Le temps du trajet doit être le plus court et l'animal doit être placé dans une cage.
  Le transport dans une petite cage limite l'agitation et les blessures (notamment dans le cas des oiseaux) et facilitent, pour le vétérinaire ou l'ASV, la saisie de l'animal lors de la consultation.
  Il faut proscrire tout changement brutal de température ainsi que les courants d'air. On peut, notamment en période hivernale, recouvrir les cages de couvertures.
  Dans le cas particulier des reptiles, des caissons isothermes ou des sacs avec bouillottes doivent être utilisés.
  Le transport des tortues semi-aquatiques ne doit pas s'effectuer dans un aquarium contenant de l'eau. En effet, l'eau se refroidit très rapidement et risque d'être à l'origine d'un coup de froid pour l'animal. En outre, l'animal qui se trouve dans l'eau risque de subir des chocs contre les parois du récipient.
  Notons enfin que dans quelques rares cas, une tranquilisation de l'animal est nécessaire préalablement à son transport, sur la prescription du vétérinaire (c'est notamment le cas du porc miniature).
- **Donner des indications au propriétaire qui permettent de faciliter la consultation du vétérinaire.** L'ASV peut, par exemple, conseiller au propriétaire d'un petit mammifère d'apporter les boîtes des aliments habituellement donnés à l'animal de façon à ce que leur composition soit vérifiée, ainsi qu'un échantillon de litière et de foin. Le motif de consultation et l'espèce présentée en clinique doivent être indiqués avec précision sur le cahier de rendez-vous.

Notons enfin que certains vétérinaires ne souhaitent pas recevoir certains types de NAC en consultation. L'ASV peut alors, avec leur accord, référer l'animal vers un autre vétérinaire compétent en la matière. L'ASV doit donc avoir à sa disposition les coordonnées de vétérinaires proches de la clinique acceptant de consulter les NAC.

LA SALLE D'ATTENTE

L'attente d'un NAC en salle d'attente peut être stressante pour lui et pour les autres animaux. Mais elle peut aussi, dans certains cas, être stressante pour les autres propriétaires également présents dans la pièce (notamment en présence de serpents).

Le risque de stress pour le NAC est évident. Il s'agit souvent d'animaux de petit gabarit, peureux et dotés d'une fréquence cardiaque et respiratoire élevée (principalement les oiseaux). Une attente trop longue à proximité d'autres animaux tels que des chiens et des chats dont ils entendent les cris et dont ils ressentent les odeurs, peut leur être préjudiciable.

Les chiens et chats peuvent eux aussi subir un stress du fait de la présence d'un NAC dans la salle d'attente. C'est principalement le cas lors de la présence d'un perroquet dont les cris puissants **effrayent les autres animaux.**

Selon la situation, **l'ASV peut répartir les différents animaux dans la salle d'attente** de façon à éviter une promiscuité trop importante, voire proposer **l'isolement du NAC** en attendant la consultation dans une salle annexe de la clinique. Si possible, l'ASV doit en profiter pour indiquer aux propriétaires les règles de sécurité à suivre (animal maintenu dans sa cage, etc.).

LA SALLE DE CONSULTATION

Les NAC sont, pour beaucoup, des animaux de petite taille, rapides et « stressables », il faut donc choisir la salle la plus adaptée à leur consultation. Lorsque le choix est possible, il faut privilégier la salle la plus petite et la moins encombrée. Il faut ensuite **fermer toutes les issues :** vitres, portes, gaines d'aération, etc.

Ces précautions permettent de limiter les risques de fuite de l'animal.

Dans le cas des oiseaux, il faut aussi privilégier les salles basses de plafond et faire **masquer toutes les fenêtres et baies vitrées** en fermant les rideaux ou les volets. En effet, lorsqu'un oiseau s'échappe des mains du vétérinaire ou de son propriétaire, il a tendance à s'enfuir en direction des vitres.

Quel que soit le NAC consulté, il faut, dans la mesure du possible, **diminuer l'intensité lumineuse** de la pièce (sauf pour la contention de certains animaux tels que les mygales, se reporter aux chapitres correspondants). Un éclairage trop fort peut stresser l'animal.

Il faut ensuite **éviter tout écart de température et tout courant d'air.** Ainsi les systèmes d'aération, de ventilation et de climatisation doivent être coupés lors de la consultation ou réglés de façon à ce que la salle de consultation soit à une température correcte pour l'animal et sans que celui-ci ne puisse ressentir de flux d'air. Dans le cas particulier des reptiles, il est même souhaitable d'augmenter la température de la pièce préalablement à sa consultation.

Les serpents sont des animaux très sensibles aux odeurs mais dont la vision est peu développée. Il est alors essentiel de **nettoyer la table et de se laver les mains** avant de les manipuler, surtout suite à la contention d'un rongeur.

LA GESTION DU PLANNING

L'ASV doit tenir compte de tous les éléments préalablement étudiés de façon à gérer le planning des rendez-vous ainsi que celui des interventions

chirurgicales. Il est préférable, sauf en cas d'urgence, d'éviter de consulter un NAC à « l'heure de pointe » de la clinique (stress pour le NAC ou les autres animaux, temps de consultation parfois long, etc.).
Pour la gestion du planning de chirurgie, il faut prendre en compte le temps des soins post-opératoires de l'animal ainsi que des difficultés, voire des désagréments, engendrés par une chirurgie de NAC (exemple de l'odeur parfois nauséabonde des furets qu'il faut faire passer au bloc opératoire après les autres animaux).

LE MATÉRIEL POUR LA CONSULTATION DES NAC

Outre l'utilisation de l'équipement habituellement rencontré en clinique vétérinaire, la consultation d'un NAC peut nécessiter un matériel spécifique :

- Matériel de transport (caisse polystyrène, sac de toile, etc.)
- Matériel de contention (serviette, gants en cuir pour la contention des perroquets, crochet à serpent, filet à papillon, etc.)
- Matériel de pesée : les NAC ont souvent un petit gabarit et l'estimation du poids peut s'avérer difficile. Il faut donc posséder à la clinique un matériel de pesée précise (balance de cuisine électronique) pour permettre le calcul de la posologie adaptée à l'animal. Un équipement permettant la mesure de l'animal pour élaborer les courbes de croissance peut être intéressant (mètre, double décimètre, etc.)
- Matériel pour l'examen de l'animal : stéthoscope, otoscope (utilisé pour l'examen de la cavité buccale des rongeurs et lagomorphes), écarteurs à joue, speculum, pas d'âne, etc.
- Matériel pour les examens complémentaires : lunettes grossissantes, sondes urinaires (utilisées pour le sondage oro-gastrique des reptiles).
- Matériel pour la chirurgie et l'hospitalisation des NAC : se référer aux chapitres correspondants.
- Équipement pour l'identification par puce électronique (transpondeur, injecteur, lecteur)
- Outillage électrique multifonction : un équipement pour petit bricolage et maquettisme peut être intéressant pour les soins sur les carapaces de tortue, les becs et griffes de perroquets, ainsi que pour les soins dentaires sur les rongeurs et lagomorphes.

L'IDENTIFICATION DES NAC

L'identification des NAC peut faire l'objet d'une demande nouvelle de la part de la clientèle. L'ASV et le vétérinaire doivent connaître les différentes techniques d'identification pouvant être proposées pour ces animaux.

LE TATOUAGE DU LAPIN

Les lapins qui participent à des expositions doivent obligatoirement être tatoués. Le tatouage peut s'effectuer à la pince. Des lettres et chiffres sont portés dans chacune des oreilles :

- sur l'oreille gauche sont mentionnés deux chiffres pour le mois de naissance, une lettre pour le pays d'origine (F pour la France) suivis d'un chiffre pour l'année de naissance ;
- sur l'oreille droite est mentionné le numéro d'ordre porté sur le certificat d'identification. Ce dernier est délivré par la Fédération Française de Cuniculture (FFC).

L'identification peut être effectuée par un éleveur agréé ou par un vétérinaire.

L'IDENTIFICATION DU COCHON D'INDE PAR PASTILLE RIVÉE

Les cochons d'Inde qui participent à des expositions et les cochons d'Inde de race standardisée, vendus par un éleveur agréé, doivent faire l'objet d'une identification. Elle est réalisée à l'aide de pastilles délivrées par l'Association Nationale des Éleveurs de Cobayes (ANEC). Cette pastille est implantée dans l'oreille de l'animal par un éleveur agrée ou par un vétérinaire. La pastille est accompagnée d'un certificat d'identification délivré par l'ANEC.

L'IDENTIFICATION DES OISEAUX PAR BAGUAGE

Un système d'identification codifiée par l'Union Ornithologique Française, existe pour les oiseaux d'élevage : la bague (généralement en aluminium).

Utilisé pour le suivi des mouvements et pour l'estimation des espérances de vie chez les oiseaux sauvages, ce procédé permet, pour les oiseaux de compagnie, de connaître leur âge et leur origine.
La bague porte le numéro d'identification de l'éleveur, le nom du club ayant délivré la bague, l'année de naissance de l'oiseau (millésime), le numéro de l'oiseau, une lettre codant pour le pays et parfois le diamètre de la bague exprimé en dixième de millimètre. La bague a un diamètre adapté à celui de la patte de l'oiseau adulte (environ 2 mm pour les plus petits oiseaux et 10 à 16 mm pour les perroquets). Elle est posée sur l'oiseau jeune (âgé de 6 à 8 jours). Les bagues fermées posées sur un oiseau jeune et ne pouvant être retirées chez un oiseau adulte, offrent une meilleure garantie d'origine par rapport aux bagues ouvertes. Une bague de ce type est enfilée sur la patte en regroupant les trois doigts antérieurs et en plaquant le quatrième doigt, postérieur, le long du tarso-métatarse. Un code couleur pour l'année de naissance peut également permettre de repérer l'âge d'un oiseau dans une volière sans avoir à le capturer.

L'IDENTIFICATION PAR PUCE ÉLECTRONIQUE (IPPE)

L'IPPE a été officiellement mise en place en France en décembre 2001 et représente un mode d'identification de plus en plus couramment utilisé chez les chiens et chats. Les NAC sont eux aussi concernés par cette nouveauté technologique.
En France, cinq laboratoires se partagent le marché et notre pays fait partie des douze pays européens ayant déjà adopté ce procédé d'identification pour les animaux.
Le matériel utilisé comprend un transpondeur, lui-même composé d'une micro puce électronique contenant le code d'identification, d'un condensateur et d'une antenne, le tout contenu dans une petite capsule en verre. La taille de la puce est d'environ 13 mm de long pour 2 mm d'épaisseur. Un injecteur (sorte de seringue) permet l'implantation de ce transpondeur. Un lecteur est nécessaire pour la lecture du code d'identification. Ce dernier est composé de 15 chiffres. Les trois premiers chiffres correspondent au code pays (250 pour la France), les deux chiffres suivants correspondent au code espèce, les deux suivant au code fabricant (laboratoire) et les huit derniers chiffres forment le numéro d'identification individuel attribué à l'animal. Dans le cas des NAC, deux codes espèces différents existent.

Cas du furet

Le furet bénéficie du même code espèce que le chien et le chat (« 26 » : code pour les carnivores domestiques). L'identification d'un furet se fait donc avec les mêmes puces électroniques que celles utilisées en clinique courante pour les chiens et chats. L'avantage de ce système d'identification est que l'animal est répertorié sur un fichier tenu en parallèle du fichier national félin (par la SIEV, Société d'Identification Électronique Vétérinaire gérée par le SNVEL, Syndicat National des Vétérinaires d'Exercice Libéral). Un furet « pucé » perdu à l'extérieur et retrouvé par un vétérinaire, par la fourrière ou par un refuge peut donc retrouver ses propriétaires grâce à la tenue du registre des adresses.

L'implantation de la puce électronique chez le furet se fait comme chez les autres carnivores domestiques dans le cou, en voie sous-cutanée, à gauche de l'animal. Une anesthésie « flash » (si possible gazeuse) du furet est souvent nécessaire. La zone d'implantation est tondue et désinfectée avant la mise en place de la puce. Il est parfois nécessaire de poser un point de suture car la peau du furet est très épaisse et le trou laissé par l'injecteur peut parfois être une porte d'entrée pour des germes. Les certificats d'identification utilisés pour le furet sont les mêmes que ceux utilisés pour les chiens et les chats.

Rappelons que le furet est un carnivore domestique et donc que, lorsque le vaccin antirabique est obligatoire (départements qui redeviendraient non indemnes de rage, passage d'une frontière, etc.), l'identification de l'animal devient elle aussi obligatoire. L'IPPE est le procédé d'identification de choix pour le furet mais en 2002, seulement 1000 furets avaient été identifiés par ce procédé contre 200 000 chiens et chats.

Cas des autres NAC

Les autres NAC peuvent également être identifiés grâce à l'IPPE. Le code espèce utilisé, « 22 », correspond à l'identification des nouveaux animaux de compagnie (à l'exception des furets) et des animaux de la faune sauvage.

Ce système d'identification est également utilisé dans les zoos. Le matériel utilisé pour l'IPPE de ces animaux est exactement le même que celui utilisé pour l'IPPE des carnivores domestiques. Seul le code espèce diffère. L'autre différence essentielle est l'absence de registre national pour répertorier les différents NAC et leurs numéros d'identification. Malgré tout, certains éleveurs et particuliers commencent à demander l'identification de leurs animaux, dans l'attente de la création d'un registre.

Les sites d'implantation des puces électroniques sont aussi définis :

- L'implantation d'une puce électronique sur un petit mammifère de compagnie se fait par voie sous-cutanée au niveau de la gouttière jugulaire gauche.
- L'implantation d'une puce électronique sur un oiseau se fait par voie intramusculaire dans le muscle pectoral gauche le plus près possible du bréchet.
- L'implantation d'une puce électronique sur un reptile se fait par voie sous-cutanée ou intramusculaire dans les faces latérales gauches de l'animal (au niveau du cou ou du quadriceps pour les lézards, du ventre à la jonction des écailles latérales et ventrales chez les serpents ou en sous-cutanée sur la patte postérieure gauche chez les tortues).

Quelle que soit l'espèce identifiée, une désinfection préalable du site d'implantation est nécessaire. Une suture éventuelle du site d'injection est à prévoir (notamment pour les oiseaux et les tortues). Le vétérinaire doit de plus, juger de la nécessité d'une anesthésie préalable à l'implantation. La taille de l'animal est bien évidemment une limite technique pour l'implantation des puces électroniques qui peut s'avérer très délicate sur des animaux de petite taille. L'injection intracœlomique (c'est-à-dire dans la cavité corporelle) peut même être envisagée dans le cas de petits lézards par exemple.

En conclusion, les systèmes de tatouage pour les lapins et de pose de pastilles rivées dans les oreilles de cobayes ne concernent que des animaux amenés à être exposés en concours.
L'IPPE est donc le système d'identification à privilégier pour un animal de compagnie. Il est très intéressant chez les furets qui bénéficient de la tenue d'un registre des coordonnées des propriétaires au même titre que le chien ou le chat.
On peut espérer qu'à l'avenir un fichier analogue soit créé pour les autres espèces, notamment exotiques, et que l'IPPE soit mise à profit pour en surveiller le commerce.

La législation concernant les NAC

L'acquisition et la possession de nombreuses espèces animales peuvent être soumises à une réglementation particulière. L'ASV et le vétérinaire doivent pouvoir répondre aux questions de leur clientèle concernant les dispositions légales relatives à la détention de ces animaux.

LA LÉGISLATION INTERNATIONALE

Au début des années 1970, la communauté internationale a pris conscience de la menace portée sur de nombreuses espèces, résultant de l'absence de réglementation clairement établie sur le commerce des espèces animales et végétales.

Le 3 mars 1973, la **Convention de Washington aussi appelée CITES (Convention on International Trade of Endangered Species (of Wild Fauna and Flora))** fut signée. Cette réglementation fut d'abord signée par neuf états puis fut ratifiée par plus de 150 pays de par le monde. Ratifiée par la France le 11 mai 1978, la Convention de Washington a pour but de protéger les espèces de la faune et de la flore sauvages menacées par le commerce international. Pour cela, elle interdit le commerce des espèces en voie d'extinction et réglemente celui des espèces menacées. Elle établit aussi la nécessité d'un permis et d'une réglementation pour toutes les activités d'importation et d'exportation de ces animaux et végétaux.

Afin d'organiser la protection de la faune et la flore sauvages, la convention de Washington classe dans des listes, appelées Annexes, les animaux et végétaux menacés par le commerce. Le classement dans ces listes se fait en fonction de la menace portée sur ces espèces.

Annexe I

Elle englobe toutes les espèces animales et végétales menacées d'extinction. Leur commerce est strictement interdit sauf dans des conditions exceptionnelles, notamment scientifiques, et sur dérogation. Cette liste englobe des espèces telles que la baleine, le rhinocéros et le panda.

Les animaux sauvages de l'Annexe I ne sont donc pas rencontrés en clientèle vétérinaire. Seuls des animaux issus d'élevages ayant les autorisations nécessaires et au-delà de deux générations nées en captivité peuvent être commercialisés. C'est le cas du *Boa constrictor occidentalis* ou de la tortue radiée de Madagascar *(Astrochelys radiata)* par exemple.

Annexe II

Elle englobe les espèces animales et végétales dont le commerce pourrait entraîner l'extinction s'il n'était pas réglementé. Cette Annexe concerne de très nombreux NAC, notamment les tortues de terre, l'iguane, les boïdés (boas et pythons), les caméléons, les phelsumas, les varans, le mainate ainsi que beaucoup de perroquets. Leur commerce est autorisé et réglementé. Un permis d'exportation est délivré par l'organe de gestion de la CITES du pays exportateur.

Dans le cas de la France, un permis d'importation est délivré par le ministère de l'environnement.

Un numéro, appelé numéro CITES, est de plus attribué à cet animal. Ce numéro suit l'animal tout au long de son existence.

Lors de la vente de ces espèces, le numéro CITES doit être mentionné sur la facture d'achat. Cette dernière doit présenter le nom scientifique de l'espèce, le numéro CITES attribué à l'animal ainsi que les coordonnées de l'animalerie et de l'acheteur. Le propriétaire doit pouvoir à tout moment justifier de l'origine de son animal auprès des autorités compétentes en cas de contrôle, et doit donc constamment se munir de la facture d'achat lorsqu'il se déplace avec celui-ci. Cette réglementation ne concerne que les espèces sauvages. Pour les individus d'espèces sauvages nés en captivité, et issus d'élevages ayant les autorisations nécessaires, une attestation d'origine d'élevage est mentionnée sur la facture.

Annexe III

Elle englobe les espèces animales et végétales pour lesquelles un pays a fait une demande de protection particulière sur son territoire. Le but est de protéger localement une espèce.

La convention de Washington réglemente le commerce de la faune et de la flore. Le terme de commerce est employé au sens large. Il comprend la capture, la saisie, le don, l'acquisition, la vente, le transport, etc.

La protection de l'espèce s'étend à tout ou partie de l'animal vivant ou mort. La convention de Washington permet donc une réglementation des commerces de peaux, bijoux, ivoire, trophées de chasse. L'organisation de la CITES étudie en permanence l'évolution des espèces animales ou végétales sur le terrain. Son travail permet une mise à jour régulière des listes d'animaux et de végétaux protégés par la CITES.

LA LÉGISLATION EUROPÉENNE

Tous les pays membres de l'union européenne ayant ratifié la Convention de Washington, l'Europe en tant qu'entité politique, a elle-même ratifié cette Convention.
Désireuse de **renforcer la CITES,** elle a, à son tour, émis une réglementation sur le commerce des espèces animales et végétales en créant quatre Annexes :

Annexe A

Cette Annexe comprend toutes les espèces animales et végétales de l'Annexe I de la CITES ainsi que certaines espèces de l'Annexe II, considérées comme insuffisamment protégées par l'Europe, voire certaines espèces de l'Annexe III ou des espèces non soumises à la CITES. **Le commerce des espèces de l'Annexe A est interdit.**
Certains animaux se trouvant au préalable en Annexe II de la CITES et dont le commerce était potentiellement possible se retrouvent ainsi en Annexe A de la législation européenne et donc interdits de tout commerce en Europe.
Certains NAC sont concernés par cette réglementation notamment les tortues terrestres méditerranéennes : la tortue grecque *(Testudo graeca),* la tortue de Hermann *(Testudo hermanni)* et la tortue marginée *(Testudo marginata).* Ces tortues dont le commerce aurait pu être autorisé par la Convention de Washington à condition de répondre à toutes les obligations de l'Annexe II, sont interdites de tout commerce par la réglementation européenne (et donc en France).
Ces animaux sont malheureusement fréquemment ramenés des pays du Maghreb (Algérie, Tunisie ou Maroc). Leur acquisition, transport, et même possession sont strictement interdits. Ces tortues sont cependant les plus fréquemment rencontrées en consultation vétérinaire.
Certaines espèces de l'annexe A peuvent être vendues à condition d'être issues d'élevages ayant les autorisations nécessaires comme c'est le cas pour certaines espèces vues précédemment en annexe I de la CITES. Il en est de même pour certaines espèces de l'annexe I de la CITES se retrouvant en Annexe A de la législation européenne (la tortue pancake, *Malacochersus tornieri* par exemple).

Annexe B

Cette Annexe comprend toutes les espèces de l'Annexe II de la CITES, exceptées celles passées en Annexe A, ainsi que des espèces de l'Annexe III voire des espèces non soumises à la CITES. Le niveau de protection est similaire à celui de l'Annexe II de la CITES et doit donc répondre à des **autorisations d'importation et d'exportation et à l'attribution d'un numéro à l'animal.** Ces numéros sont de la même façon mentionnés sur la facture d'achat de l'animal.

On retrouve dans cette Annexe, l'iguane, de nombreux perroquets, certains boas et python. Comme nous l'avons vu précédemment, la Convention de Washington a pour but la protection des espèces animales ou végétales sauvages et menacées. La législation européenne protège ces espèces mais a aussi pour but de se protéger contre des espèces menaçantes. Le cas de la tortue de Floride à tempes rouges *(Trachemys scripta elegans)* vendue en très grand nombre dans les années 1980 est représentatif de cette volonté. De très nombreux animaux ont été relâchés en Europe et se sont acclimatés, avec des conséquences dramatiques sur l'environnement. L'Europe désireuse de se protéger contre « l'invasion » de cette espèce a placé la tortue de Floride à tempe rouge en Annexe B du règlement européen et lui a de plus attribué une interdiction d'importation. Cependant, on trouve actuellement dans le commerce des espèces proches (« cousines ») telles que la *Chrysemys picta dorsalis* dont les modes de vie, espérance de vie et taille adulte sont analogues à ceux de la tortue de Floride à tempes rouges. Il faut donc craindre que de telles espèces relâchées dans le biotope français puissent conduire aux mêmes conséquences. Cependant l'opinion publique semble désormais plus consciente des problèmes engendrés par leur acquisition. Les vendeurs animaliers mais aussi les vétérinaires et les ASV ont un rôle de conseil et devront mettre en garde leur clientèle sur l'acquisition de tels animaux.

Annexe C

Elle comprend toutes les espèces animales et végétales de l'Annexe III de la CITES exceptées celles classées en Annexe A et B du règlement européen.

Annexe D

Elle comprend des espèces non soumises à la CITES mais dont l'Europe souhaite surveiller l'importation.

NB : la France en tant qu'état membre de l'Europe doit appliquer la législation européenne en priorité par rapport à la réglementation internationale de la CITES. En conclusion, une tortue grecque ramenée du Maroc est illégale sur le territoire français.
NB : notons enfin le cas des animaux protégés par la CITES ou par le règlement européen mais acquis avant ces réglementations. Ces animaux sont détenus de façon légale à condition que le propriétaire puisse faire la preuve de l'antériorité de la possession de son animal par rapport aux textes de loi.

LA LÉGISLATION FRANÇAISE

Les espèces domestiques

La loi définit une espèce domestique comme ayant fait l'objet d'une pression de sélection continue et constante, qui aboutit à la formation d'un groupe d'animaux ayant acquis des caractères stables génétiquement héréditaires. Les espèces domestiques sont, de plus, répertoriées par le législateur au sein d'une circulaire de la Direction de la Nature et du Paysage datant du 28 octobre 1994.

Une espèce non domestique se définit comme n'ayant pas fait l'objet d'une pression de sélection continue et constante par l'homme ou n'étant pas répertoriée par le législateur. De nombreux NAC sont considérés comme « domestiques » aux yeux de la loi française et sont donc à distinguer des variétés sauvages qui peuvent être protégées par la législation internationale et européenne.

Par exemple, le chinchilla est en Annexe A de la législation européenne et en Annexe I de la CITES. Le commerce des individus sauvages est donc strictement interdit. Les chinchillas rencontrés en animaleries sont donc issus d'élevages et ont été sélectionnés par l'homme (voir encadré).

Petits Mammifères domestiques

Les espèces domestiques (selon la loi française) sont :

- Les races domestiques du lapin *(Oryctolagus cuniculus).*
- Les races domestiques du rat *(Rattus norvegicus).*
- Les races domestiques de la souris *(Mus musculus).*
- Les races domestiques de la gerbille *(Meriones unguiculatus).*
- Les races domestiques du hamster doré *(Mesocricetus auratus).*
- Le cochon d'Inde *(Cavia porcellus).*
- Les races domestiques du chinchilla *(Chinchilla laniger* et *brevicauda).*
- Le furet *(Mustela putorius furo)* (race domestique du putois).

Les espèces non domestiques (selon la loi française) :

- Variétés naines de hamster comme le hamster russe *(Phodopus sungorus).*
- L'octodon *(Octodon degu).*
- Le chien de prairie *(Cynomys ludovicianus).*
- L'écureuil de Corée *(Tamia striatus).*

NB : Il ne s'agit cependant pas d'espèces protégées par la législation européenne ou internationale.

Les **oiseaux** présentent de très nombreuses espèces considérées comme domestiques selon la loi française, dont voici quelques exemples :

- volailles d'élevage et d'ornement (ex : le cygne dit « polonais » *(Cygnus immutabilis)*, le canard vert *(Anas platyrhynchos)*, la caille peinte de Chine *(Excalfactoria chinensis)*, le paon bleu *(Pavo cristatus)*).
- Columbiformes (ex : le pigeon biset *(Columba livia)*, la tourterelle domestique ou rieuse *(Stuptopelia « risoria »)*, la colombe diamant *(Geopelia cuneata)*).
- Psittaciformes (ex : la perruche ondulée *(Melopsittacus undulatus)*, la perruche calopsitte *(Nymphicus hollandicus)*, la perruche omnicolore *(Platycercus e. eximius)*, la perruche de Pennant *(Platycercus elegans)*, l'inséparable à face rose *(Agapornis roseicollis)*, l'inséparable de Fischer *(Agapornis fischeri)*, l'inséparable masqué ou à tête noire *(Agapornis personata)*).
- Passeriformes (ex : les variétés domestiques, dites canaris, du serin des Canaries *(Serinus canaria)*, les variétés domestiques constituant le moineau du Japon *(Lonchura domestica)*, le diamant mandarin d'Australie *(Poephila-Taeniopygia-guttata castanotis)*, le diamant de Gould *(Chloebia-Poephila-gouldiae)*, le Padda ou Calfat *(Padda orysivora)*, le cou-coupé *(Amadina fasciata)*).

Les seules espèces de **poissons** domestiques sont le poisson rouge et japonais *(Carassius auratus)* et la carpe Koï *(Cyprinus carpio)*.

Il n'y a aucune espèce de **reptiles** ni d'**amphibiens** considérée comme domestique selon la loi française.

La protection des espèces sauvages françaises

Espèces du territoire métropolitain

Le code rural, dans son article L.211-1, donne la liste des espèces protégées sur le territoire français. Tout transport, achat, vente, détention, mutilation (etc.) de ces espèces sont strictement interdits.

Un petit mammifère parfois rencontré en consultation vétérinaire, le hérisson d'Europe *(Erinaceus europaeus)* est concerné par cette réglementation et ne peut donc pas être maintenu en captivité par un particulier. Un particulier ayant trouvé un animal sauvage blessé doit être orienté vers un centre de protection de la faune sauvage de son département (LPO, etc.) dont l'ASV doit avoir les coordonnées à disposition (*cf.* encadré page suivante).

Contacts pour les soins de la faune sauvage

- Soins Oiseaux Sauvages, SOS Oiseaux : tel 01.46.51.06.90.
- Ligue pour la Protection des Oiseaux, LPO : minitel 3615 NATUR puis LPO.
- Fond d'Intervention pour les Rapaces, FIR : 01.47.16.77.95.
- Centre de sauvegarde de la faune sauvage, ENV Alfort : 01.43.96.71.50.
- Centre de sauvegarde de la faune sauvage, ENV Nantes : 02.40.68.77.76.
- Union Nationale des Centres de Sauvegarde de la Faune Sauvage, UNCS : minitel 3615 NATUR puis UNCS.

Espèces des DOM-TOM

Les DOM-TOM possèdent une faune et une flore très variées. La loi française désireuse de protéger cette richesse a mis en place une réglementation à travers différents arrêtés (arrêté Guadeloupe, arrêté Martinique, arrêté Réunion, etc.). Ces arrêtés protègent la faune locale de tout commerce. L'iguane vert *(Iguana iguana)* classiquement rencontrés en terrariophilie est présent en Guadeloupe où il bénéficie de cette protection. Dans le cas de l'arrêté Guyane, certaines espèces sont protégées sur le sol guyanais et ne peuvent pas être commercialisées. C'est le cas par exemple du boa constricteur (variété que l'on rencontre classiquement en consultation). Cette espèce de serpent peut être possédée légalement à condition de répondre aux obligations de la CITES et de la législation européenne mais elle ne peut en aucun cas provenir du département de la Guyane française.

D'autres espèces présentes en Guyane sont interdites de tout commerce sur l'ensemble du territoire national. C'est le cas par exemple de trois espèces de Ara dont le commerce est interdit sur toute la France (Ara ararauna, Ara macao, Ara chloroptera). L'arrêté Guyane faisant partie de la législation française ne s'applique que sur le territoire français. Il est donc possible de trouver certaines espèces interdites en France en vente légale dans certains pays limitrophes de la France (à condition que les réglementations CITES et européennes soient respectées). Cependant, l'animal ne peut être introduit sur le territoire national. Il devient en effet illégal à la frontière française.

Législation concernant les particuliers

Le particulier doit respecter toutes les réglementations précédemment étudiées. Dans un avenir proche, la simple possession de certaines espèces animales telles que les grands serpents fera l'objet d'une autorisation préalable (certificat de capacité). Quel que soit l'animal possédé, la responsabilité civile du propriétaire est mise en jeu lors d'accident. Celui-ci doit donc mettre en place des règles de sécurité afin d'éviter la fuite de son animal (système de verrouillage des terrariums, etc.).

Autres réglementations

Le furet est un carnivore domestique selon la loi française. Toutes les réglementations relatives aux carnivores domestiques le concernent et ne se limitent donc pas aux chiens et aux chats. Il faut essentiellement retenir le suivi de visite mordeur suite à une morsure et l'obligation de vaccination antirabique et d'identification dans les départements qui redeviendraient infectés de rage, ainsi que pour le passage d'une frontière.
Notons que le chien de prairie, originaire d'Amérique du Nord, est actuellement interdit à l'importation en France. Les chiens de prairie vendus en animalerie sont donc issus d'élevages français.

CONDUITE À TENIR EN CLINIQUE VÉTÉRINAIRE ET RÔLE DE L'ASV

L'ASV doit connaître les bases de la réglementation concernant le commerce et la possession des NAC afin de répondre aux questions de la clientèle.
Cependant ni le vétérinaire ni l'ASV n'ont un rôle de police, et ne peuvent exiger la présentation de documents prouvant l'origine de l'animal.
Ils ont cependant un rôle de conseil essentiel et peuvent notamment informer leur client de la situation illégale dans laquelle il s'est placé en achetant, par exemple, une tortue grecque lors de vacances au Maroc, ainsi que des risques encourus (lourde amende, peine de prison, saisie éventuelle du véhicule transportant l'animal, etc.).
L'ASV peut aussi donner des conseils à la clientèle préalablement à l'acquisition d'un NAC et doit par exemple préciser que l'obtention d'une facture est obligatoire dans le cadre de l'achat d'une espèce protégée par le règlement européen ou la CITES.
Étant donné qu'un particulier doit pouvoir à tout moment justifier de l'origine de son animal auprès des autorités compétentes, l'ASV peut conseiller à un client, lors de la prise de rendez-vous par téléphone, de se munir de la facture d'achat pour le transport de l'animal jusqu'à la clinique.
Le détail des différents textes de lois peut s'obtenir auprès du ministère de l'environnement et de l'agriculture, des Directions des Services Vétérinaires ainsi que sur Internet :
http://www.cites.org (pour la Convention de Washington)
http://www.europa.eu.int (pour la législation européenne)
http://www.legifrance.gouv.fr (pour la législation française)

Les zoonoses dues aux NAC

Les zoonoses sont des maladies pouvant se transmettre de l'animal à l'homme. Les zoonoses transmises par le chien et le chat sont bien connues : toxoplasmose, parasites digestifs, etc.
Mais qu'en est-il des maladies potentiellement transmises par les NAC ?
Ces animaux de compagnie de nouvelle génération représentent un réservoir non négligeable de maladies pour l'homme dont certaines peuvent même s'avérer mortelles selon le contexte épidémiologique.
La connaissance des modes de contamination et des mesures préventives est un impératif en clinique vétérinaire, non seulement pour pouvoir mettre en garde la clientèle, mais aussi pour la protection du personnel soignant.

LE CONTEXTE ÉPIDÉMIOLOGIQUE ET LES PERSONNES À RISQUE

Le contexte épidémiologique

L'émergence de NAC de plus en plus variés et d'origines géographiques de plus en plus diverses soulève un problème de santé publique : les zoonoses. Vétérinaires et ASV et ont un rôle important non seulement **de surveillance et de détection de ces maladies,** mais surtout **de prévention** grâce aux conseils qu'ils peuvent délivrer (pour la santé de leur clientèle mais aussi pour leur propre sécurité).
La gravité des zoonoses est très variable, certaines étant en général bénignes (teigne par exemple), d'autres étant potentiellement mortelles (salmonellose par exemple). La liste des zoonoses présentée dans ce chapitre n'est pas exhaustive et seules les plus fréquentes sont répertoriées.
Il faut souligner enfin qu'une méfiance légitime doit être suscitée par l'arrivée de nouvelles espèces sur le marché des animaleries.
Outre les questions éthiques et écologiques soulevées par la possession d'animaux de plus en plus « exotiques » (chauve-souris, marsupiaux, etc.), **l'aspect sanitaire** doit recevoir toute notre attention car ils représentent une source potentielle de zoonoses majeures (rage, etc.).

Les personnes à risques

Toute personne peut contracter une zoonose, mais certaines, de par leur état de santé, leur âge, leur statut physiologique ou leur profession, sont plus exposées et doivent donc être protégées.

- Enfants.
- Personnes âgées.
- Femmes enceintes.
- Personnes immunodéficientes (malades du Sida, etc.).
- Personnes en mauvais état de santé.
- Personnes manipulant souvent des animaux (vétérinaires, ASV, vendeurs en animalerie, soigneurs en parc zoologique, éleveurs, etc.).

LES PRINCIPALES ZOONOSES TRANSMISES PAR LES MAMMIFÈRES

- La **teigne** est la principale zoonose mettant en jeu les petits mammifères. Cette mycose est due à un champignon microscopique. Les animaux les plus fréquemment mis en cause sont le cobaye, le lapin, le chinchilla et le chien de prairie. Un portage sans aucun symptôme est possible (15 à 30 % des cobayes). La contamination se fait par contact direct avec l'animal ou indirectement par contact avec l'environnement de l'animal contaminé par les spores. Les symptômes chez l'animal sont, lorsqu'ils existent, une dépilation avec une inflammation et un prurit variables. L'homme contaminé présente des plaques rougeâtres généralement sur les zones de contact (bras, cou).
- L'homme peut être infesté par les **puces animales** (on parle de pulicose) dont les piqûres sont à l'origine de papules et de prurit. Tout comme les chiens et les chats, les petits mammifères de compagnie peuvent être à l'origine de la transmission de puces à l'homme. Il faut souligner à ce sujet le rôle des puces dans la transmission de certaines maladies. C'est le cas aux États-Unis où le chien de prairie qu'elles affectent est un des réservoirs naturels de la **peste** humaine. Le chien de prairie est pour cette raison interdit à l'importation en France.
- Les deux principaux mammifères à l'origine de la transmission de la **gale** à l'homme sont le cobaye et le furet. L'homme contaminé présente des papules associées à des démangeaisons.
- Le lapin peut être une source de contamination humaine de la **cheyletiellose,** donnant lieu à des rougeurs et des démangeaisons.
- Les petits mammifères de compagnie peuvent être responsables de la contamination de l'homme par des **parasites digestifs.** On retient principalement une forme de taenia transmis par le lapin, un cestode (ver plat) mettant en cause le cobaye, le rat, la souris et le hamster ainsi qu'une cryptosporidiose et une giardiose (parasites microscopiques) touchant le furet. La contamination humaine se fait par voie oro-fécale

(personne portant sa main à la bouche après avoir manipulé un petit mammifère et ingérant le parasite).

- La **salmonellose** est une grave maladie bactérienne qui peut toucher les rongeurs, le lapin ainsi que le furet, et être transmise à l'homme par voie oro-fécale. Les animaux atteints présentent une gastro-entérite, de l'abattement, une hyperthermie et peuvent décéder rapidement. La maladie se traduit chez l'homme par une gastro-entérite violente, voire des complications d'arthrite et de septicémie.
- La **rage** est une zoonose virale majeure mettant en cause le furet. Les cas sont très rares en raison d'une moindre sensibilité de cette espèce au virus rabique par rapport aux autres carnivores domestiques. Une vaccination antirabique du furet est réalisable (voir le chapitre sur les traitements des NAC). Il faut savoir que le furet est sensible au virus de la grippe humaine (mais le vaccin humain ne peut pas être utilisé chez le furet).

LES PRINCIPALES ZOONOSES TRANSMISES PAR LES OISEAUX

- La **chlamydiose,** anciennement nommée psittacose ou ornithose, est la principale zoonose mettant en cause les oiseaux. La bactérie se transmet notamment par voie aérienne (inhalation de poussières). Les oiseaux sauvages et domestiques infectés peuvent être porteurs sains ou exprimer la maladie (anorexie, amaigrissement, troubles respiratoires). L'homme infecté présente une pneumonie chronique, une hyperthermie, des courbatures et parfois des troubles nerveux.
- Les oiseaux (ainsi que leurs selles et le milieu environnant) peuvent être une source de **salmonelles** pour l'homme, qui développe alors une gastro-entérite. La contamination se fait par voie oro-fécale.
- La **pseudo-tuberculose** (ou Yersiniose) est due à une bactérie qui se transmet par voie oro-fécale, et se traduit chez l'homme infecté par l'inflammation d'un ganglion abdominal avec des symptômes proches de la crise d'appendicite, ou par une forme suraiguë, rapidement mortelle.
- Les autres zoonoses plus rares, concernant les oiseaux sont : la listériose, le rouget, la maladie de Newcastle, l'aspergillose, la tuberculose aviaire.

NB : d'un point de vue sanitaire, les oiseaux posent souvent des problèmes d'allergies respiratoires (donc non inclus dans les zoonoses) par inhalation de poussières et de débris de plumes.

LES PRINCIPALES ZOONOSES TRANSMISES PAR LES REPTILES

- La **salmonellose** est la principale zoonose mettant en cause les reptiles. Le problème réside surtout dans le portage asymptomatique de la

bactérie (plus de 30 % des reptiles seraient porteurs sains). La bactérie, sauf cas rares, n'est pas pathogène pour eux et peut donc faire partie de la flore buccale et digestive normale de l'animal, qui l'excrète dans ses selles et contamine ainsi son environnement. Vivant dans un espace restreint et se déplaçant avec un contact assez étroit avec leur substrat (les serpents rampent sur le substrat et les tortues se baignent dans l'eau des aquaterrariums), les reptiles portent également la bactérie sur leur corps. La contamination de l'homme se fait par voie oro-fécale : personne portant sa main à la bouche après un contact avec un reptile ou son environnement (terrarium, matériel, etc.), embrassant un reptile ou consommant des aliments indirectement contaminés par des bactéries (exemple : éclaboussure d'un plan de travail de cuisine par de l'eau d'aquarium vidée dans l'évier pour changer le bac, etc.).
Les premiers cas de salmonellose mettant en cause les reptiles ont été diagnostiqués dans les années 1960, mais ce sont les années 1970 qui en verront le plus. La flambée des ventes de tortues de Floride à tempes rouges *(Trachemys scripta elegans)* puis de l'iguane vert *(Iguana iguana)* a été à l'origine de la multiplication du nombre de cas de salmonellose humaine. Une étude épidémiologique datant du début des années 1970 a montré que plus de 15 % des salmonelloses humaines aux États-Unis étaient dues à la tortue de Floride à tempes rouges. Le traitement antibiotique des reptiles afin de les « blanchir » de toute salmonelle n'est pas une solution envisageable car outre le risque de voir apparaître des souches de salmonelles antibio-résistantes et donc potentiellement plus dangereuses pour l'homme, il semble difficile de pouvoir vérifier la disparition des bactéries chez l'animal (risques de faux négatifs dans les résultats d'une coprologie par absence d'excrétion au moment du prélèvement). L'information du public et le respect de règles d'hygiène élémentaires représentent la meilleure lutte contre la salmonellose.

- D'autres germes ont été plus rarement mis en cause dans des cas de zoonoses dues aux reptiles, comme par exemple, le bacille tuberculeux ou des bactéries de leur flore buccale et digestive.

LES RÔLES DE L'ASV ET LES MESURES PRÉVENTIVES

Dès la prise de rendez-vous téléphonique, l'ASV doit pouvoir indiquer les mesures préventives à prendre en cas de risque de zoonose, et orienter vers la consultation du praticien.
L'ASV doit prêter attention aux motifs de consultation avancés par les propriétaires. Par exemple, toute atteinte cutanée chez un mammifère avec perte de poils voire prurit doit évoquer une éventuelle teigne. L'animal en question, en attendant d'être consulté, doit être isolé de ses congénères et des autres animaux en raison de la contagiosité de cette maladie, et ne doit pas être manipulé par une personne à risque (ou avec des gants en cas d'absolue nécessité). Notons de plus que les soins à prodiguer à l'animal

malade sont toujours effectués après ceux de ses congénères et sans utiliser le même matériel de façon à ne pas véhiculer d'agent contaminant.
La personne manipulant l'animal ne doit pas le tenir contre elle pour les raisons vues précédemment et doit se laver les mains après tout contact.
L'hygiène des mains est en effet primordiale (après la manipulation d'un animal ou du nettoyage du matériel, de la cage ou du terrarium).
Des traitements antiparasitaires externes et internes sont conseillés pour des animaux à risque (ayant contact avec des carnivores domestiques, séjournant en extérieur, ou venant d'être achetés) afin de lutter notamment contre les puces et les parasites digestifs potentiellement transmissibles à l'homme.
Pour éviter les zoonoses dans lesquelles l'animal reste apparemment sain, telle que la salmonellose due aux reptiles, l'ASV doit donner les mesures d'hygiène simples à appliquer en prévention (*cf.* encadré).

Mesures d'hygiène conseillées pour l'élevage et la manipulation des reptiles :

- Ne pas porter les mains à la bouche et les laver après tout contact avec le reptile ou le matériel qui lui est attribué (terrarium, crochet à serpent, eau d'un bassin extérieur, etc.).
- Éviter le contact du reptile avec une personne à risque pour les zoonoses (proscrire le maintien d'un reptile dans une école).
- Ne pas embrasser l'animal.
- Interdire les divagations d'un reptile dans une habitation.
- Ne pas boire, manger, ni fumer en manipulant un reptile.
- Ne pas baigner le reptile, vider l'eau des aquariums ou nettoyer le matériel attribué à l'animal dans un évier de cuisine ou près de surfaces en contact avec les aliments.
- Nettoyer régulièrement le terrarium et utiliser des serviettes ou éponges spécifiquement réservées à cet effet.
- Porter des gants pour manipuler un reptile lors de présence de plaies sur les mains.
- Consulter rapidement un médecin en cas de douleur abdominale.
- Se désinfecter rapidement une plaie suite à une morsure ou une griffure et consulter éventuellement un médecin.

Mémo

1. QU'EST-CE QU'UN NAC ?

- Animal de compagnie autre que chiens et chats et présents dans le foyer.
- Un animal sauvage maintenu en captivité ne doit pas être obligatoirement assimilé à un NAC. Les primates ne sont pas considérés comme des NAC.
- Les NAC sont composés de mammifères (notamment rongeurs, lagomorphes et furets), d'oiseaux (notamment petits exotiques et psittacidés), de reptiles (tortues, lézards, serpents), d'amphibiens (salamandre, dendrobates), d'arthropodes (notamment mygales et scorpions) et de poissons.
- En nombre, les poissons sont les plus nombreux des animaux de compagnie en France.
- Il y a plus de NAC (autres que les poissons) que de chiens ou de chats en France, avec environ 11 millions d'individus.

2. LES RÈGLES D'OR DE L'ACCUEIL DU NAC EN CLINIQUE

- Lors de l'accueil téléphonique, l'ASV doit distinguer l'urgence de la consultation classique, avoir à disposition les informations relatives aux NAC (alimentation, reproduction, législation, etc.) pour conseiller la clientèle et indiquer les modalités de transport adaptées à l'espèce.
- La gestion de la salle d'attente et de la salle de consultation doit tenir compte des éléments suivants : stress, dangerosité, promiscuité, cris, odeurs, température ambiante, courant d'air, luminosité, présence de vitres, possibilité de fuite, taille de la salle et préparation d'un matériel adapté.

3. À PROPOS DE L'IDENTIFICATION DES NAC

- Les lapins et cobayes participant à des expositions peuvent respectivement être tatoués et identifiés par une pastille rivée dans l'oreille.
- L'IPPE est la méthode d'avenir. Équipement identique à celui utilisé pour les chiens et les chats.

- Cas du furet : code espèce « 26 » comme le chien et le chat, bénéficiant de la tenue d'un fichier national.
- Cas des autres NAC : code espèce « 22 », ne bénéficiant pas de la tenue d'un fichier national.

4. LES NAC ET LA LOI

- Trois niveaux de législation : international, européen, national. Rôle essentiel de l'ASV et du vétérinaire pour le conseil et les recommandations aux particuliers.
- Au niveau international : CITES ou convention de Washington protégeant la faune et la flore sauvages menacées en classant les espèces dans trois Annexes (I, II et III).
- Au niveau européen : protection des espèces menacées et des espèces menaçantes pour l'environnement (exemple : tortue de Floride à tempes rouges) avec quatre Annexes (A, B, C et D) englobant celles de la CITES. Législation plus stricte que celle de la CITES.
- Législation française : notion d'espèce domestique, code rural et nombreux arrêtés pour les DOM-TOM.

5. LES ZOONOSES TRANSMISES PAR LES NAC

- Elles son nombreuses, variées, potentiellement graves pour certaines, voire mortelles, et souvent méconnues.
- La zoonose à retenir pour chaque groupe selon sa fréquence ou sa gravité sont la teigne chez les mammifères, la chlamydiose chez les oiseaux et la salmonellose chez les reptiles.
- Nécessité pour l'ASV de connaître les personnes « à risque » (personnes âgées, enfants, femmes enceintes, etc.), les modes de contamination (contact, voie oro-fécale, voie respiratoire, etc.) et les règles d'hygiène à adopter pour la prévention (lavage des mains, etc.).

Test

Testez vos connaissances
... avant d'aborder la deuxième partie

Attention : il peut y avoir plusieurs réponses exactes, ou aucune !

1. PARMI LES ANIMAUX SUIVANTS, LESQUELS SONT CONSIDÉRÉS COMME DES NAC ?

a. Le hamster
b. Le poisson
c. La mygale
d. Le singe

2. LES NAC (AUTRES QUE LES POISSONS) LES PLUS NOMBREUX EN FRANCE SONT :

a. Les mammifères
b. Les oiseaux
c. Les reptiles
d. Les amphibiens

3. LES ÉLÉMENTS À PRENDRE EN COMPTE POUR L'ACCUEIL D'UN NAC EN CONSULTATION SONT :

a. Les courants d'air
b. La luminosité
c. Le prix de l'animal
d. La température ambiante

4. LA PUCE ÉLECTRONIQUE UTILISÉE POUR L'IDENTIFICATION DU CHIEN ET DU CHAT PERMET ÉGALEMENT L'IDENTIFICATION :

a. Du lapin
b. Du cobaye
c. Du furet
d. Du perroquet

5. CONCERNANT LA LÉGISLATION APPLIQUÉE EN FRANCE :

a. La législation internationale prévaut sur la législation européenne
b. La législation européenne prévaut sur la législation internationale
c. La législation sur les DOM-TOM prévaut sur la législation internationale
d. La législation internationale prévaut sur la législation sur les DOM-TOM

6. L'ANNEXE I DE LA CONVENTION DE WASHINGTON EST CONSTITUÉE DE SPÉCIMENS SAUVAGES :

a. D'espèces animales autorisées à la vente
b. D'espèces animales interdites à la vente
c. D'espèces végétales autorisées à la vente
d. D'espèces végétales interdites à la vente

7. EN FRANCE, UNE ESPÈCE ANIMALE (SPÉCIMEN SAUVAGE) EN ANNEXE II DE LA CITES ET EN ANNEXE A DE LA RÉGLEMENTATION EUROPÉENNE EST :

a. Interdite à la vente
b. Autorisée à la vente (avec un numéro CITES)
c. Autorisée à la vente (avec un numéro européen)

8. QUELLES SONT LES PERSONNES À RISQUE VIS-À-VIS DES ZOONOSES ?

a. Les personnes âgées
b. Les femmes enceintes
c. Les enfants
d. Les malades du Sida

9. QUELLE(S) ZOONOSE(S) CONCERNANT LES NAC PEUVENT CONTAMINER L'HOMME PAR INHALATION ?

a. La teigne
b. La cheyletiellose
c. La chlamydiose
d. La cryptosporidiose

10. LA SALMONELLOSE TRANSMISE PAR UN REPTILE PEUT ÊTRE À L'ORIGINE CHEZ L'HOMME :

a. De mortalité
b. De rougeurs cutanées
c. D'une gastroentérite
d. De cécité

Réponses :
1 a, b, c - 2 b - 3 a, b, d - 4 c - 5 b, c - 6 b, d - 7 a - 8 a, b, c, d - 9 c - 10 a, c.

Si vous avez moins de six réponses exactes, revoyez la première partie !

DEUXIEME PARTIE

Les principaux NAC rencontrés en pratique vétérinaire

1

Les mammifères

Les mammifères de compagnie, bien que n'étant pas les plus nombreux parmi l'ensemble des NAC en France, sont probablement les plus fréquemment rencontrés en consultation vétérinaire. Ce chapitre a pour but de présenter les principales caractéristiques de ces animaux et de leur maintien en captivité.

LA CLASSIFICATION DES MAMMIFÈRES

Les principaux mammifères de compagnie appartiennent à trois ordres différents.

La classification des principaux petits mammifères de compagnie

Nom commun	Ordre	Sous-ordre	Famille	Sous-famille	Genre	Espèce
Cobaye	RONGEURS ou Simplicidentés	Caviomorphes ou Hystricomorphes	Cavidés		*Cavia*	*porcellus*
Octodon			Octodontidés		*Octodon*	*degu*
Chinchilla			Chinchillidés		*Chinchilla*	*lanigera et brevicauda*
Rat domestique		Myomorphes	Muridés	Murinés	*Rattus*	*norvegicus*
Souris domestique					*Mus*	*musculus*
Hamster doré				Cricétinés	*Mesocricet*	*auratus*
Hamster russe					*Phodopus*	*sungorus*
Hamster de Roborowski					*Phodopus*	*roborowski*
Gerbille de Mongolie				Gerbilinés	*Meriones*	*unguiculatus*
Écureil de Corée		Sciuromorphes	Sciuridés		*Tamia*	*striatus*
Écureil japonais					*Eutamia*	*sibiricus*
Chien de prairie					*Cynomys*	*ludovicianus*
Lapin	Lagomorphes ou Duplicidentés		Léporidés		*Oryctolagus*	*cuniculus*
Furet	Carnivores		Mustélidés		*Mustela*	*putorius furo*

Notons qu'une autre classification peut être rencontrée : elle subdivise les rongeurs en deux sous-ordres différents, celui des Sciurognathes qui regroupe les Sciuromorphes et les Myomorphes, et celui des Hystricognathes qui correspond aux Caviomorphes.

LES PARTICULARITÉS ANATOMIQUES ET PHYSIOLOGIQUES DES MAMMIFÈRES

Seules les principales particularités anatomiques et physiologiques des petits mammifères de compagnie les différenciant des chiens et des chats sont présentées dans ce chapitre.

Poids moyen en grammes des petits mammifères de compagnie

Espèces	Poids moyen	Espèces	Poids moyen
Lapin	500 – 9 000	Rat	F : 205 – 300 M : 450 – 520
Cobaye	F : 750 – 900 M : 900 – 1 200	Souris	F : 25 – 40 M : 20 – 40
Octodon	F : 300 M : 170	Hamster doré	F : 95 – 150 M : 85 – 130
Chinchilla	F : 450 – 800 M : 400 – 500	Gerbille	F : 55 – 85 M : 65 – 100
Écureuil de Corée	70 – 120	Furet	F : 500 – 800 M : 900 – 1 600
Chien de prairie	500 – 2 200		

M : mâle / F : Femelle

Température corporelle des petits mammifères de compagnie

Espèces	Température corporelle (°C)	Espèces	Température corporelle (°C)
Lapin	38.2 – 39.4	Rat	35.9 – 37.5
Cobaye	37.2 – 39.5	Souris	36.5 – 38
Octodon	37.5 – 39	Hamster	37 – 38
Chinchilla	38 – 39	Gerbille	37 – 38.5
Écureuil de Corée	38 – 39.5	Furet	38 – 40
Chien de prairie	35.4 – 39.1		

Le squelette

Le squelette des petits mammifères diffère peu de celui du chien et du chat. On doit souligner la fragilité du squelette du lapin dont le poids ne représente que 7 à 8 % du poids total de l'animal. Cette fragilité explique les précautions à prendre lors de sa contention et les risques de lésions vertébrales lors de ruades. On note également le caractère plantigrade de ces espèces sur les membres postérieurs. Le squelette d'un furet est très proche de celui d'un chat, on remarque principalement l'aspect longiligne de son corps.

La cavité buccale

La cavité buccale des rongeurs et lagomorphes de compagnie présente de nombreuses particularités dont découlent beaucoup de maladies spécifiques à ces espèces. On peut noter la **faible ouverture** de la cavité buccale, **l'absence de canines** (laissant un espace sans dent appelé diasthème que l'on met à profit pour l'administration *per os* de médicaments), l'absence de prémolaires chez les myomorphes et la présence de deux paires d'incisives à la mâchoire supérieure chez les lagomorphes (ordre des **Duplicidentés**) différenciant ces derniers des rongeurs (ordre des **Simplicidentés**) ne possédant qu'une seule paire d'incisives à la mâchoire supérieure. Cette deuxième paire d'incisives n'est qu'un vestige de l'évolution et ne présente aucun rôle fonctionnel.

Une **pousse dentaire continue** est caractéristique des dents des lapins, caviomorphes, ainsi que des incisives des myomorphes et des sciuromorphes. Les incisives d'un lapin poussent en moyenne de 10 à 12 cm par an. Une longueur constante des dents est rendue possible par une **usure régulière** qui se fait par la mastication d'aliments durs, par le frottement des dents les unes contre les autres ainsi que par l'activité de ronger. La mastication se fait par des mouvements latéraux chez les lapins et par des mouvements de va-et-vient d'avant en arrière chez les rongeurs.

La coloration des dents du lapin et du cobaye est blanche contrairement à celle des autres rongeurs chez lesquels elles présentent une coloration orangée. Les dents des rongeurs et des lagomorphes ont des **racines dentaires** très développées au sein de la boîte crânienne. L'infection de ces racines a donc de lourdes conséquences.

Il faut noter enfin l'existence de poches dans la gueule du hamster et de l'écureuil de Corée qui leur permettent de stocker momentanément leur nourriture afin de la transporter : les **abajoues.**

Le nombre des dents varie d'une espèce à l'autre : 28 chez le lapin, 20 chez les caviomorphes, 16 chez les myomorphes, 20 chez l'écureuil de Corée et 22 chez le chien de prairie.

La dentition du furet est analogue à celle du chat avec notamment l'existence de crocs. Cet animal possède 36 dents adaptées à un régime alimentaire carnivore.

L'appareil digestif

L'appareil digestif des rongeurs et lagomorphes de compagnie se caractérise essentiellement par la présence d'une cuve à fermentation, **le caecum,** dans laquelle se fait la digestion de la cellulose et des différents végétaux ingérés. Le tube digestif de ces animaux est généralement long. L'intestin grêle du lapin par exemple représente environ vingt fois la longueur totale de l'animal et son tube digestif correspond à 10 à 20 % de son poids corporel. Le transit digestif de ces animaux est généralement lent. Les rongeurs sont aussi caractérisés par leur **incapacité à vomir.** Un jeûne préopératoire trop long est donc inutile pour ces espèces (se référer au chapitre chirurgie). Il y a une prédisposition aux occlusions digestives par boules de poils (trichobézoards), notamment chez les espèces à poils longs, qui ne peuvent les régurgiter contrairement aux chats.
Soulignons une particularité digestive du lapin qui ne peut réguler l'absorption intestinale de calcium, ce qui le prédispose à la formation de calculs urinaires lors de rations trop riches en calcium (éliminé par voie urinaire lorsqu'il est en excès).
Le furet, quant à lui, est caractérisé par un tube digestif court, en relation avec son régime alimentaire carnivore, et une vitesse de transit rapide (environ 3 heures). Une diète préopératoire trop longue prédisposerait donc cette espèce à des hypoglycémies lors des interventions chirurgicales. Une alimentation distribuée en libre-service est aussi indispensable afin d'éviter les hypoglycémies et les ulcères gastriques.

L'espérance de vie des mammifères

Elle est à prendre en compte avant l'acquisition d'un animal. On distingue parmi les petits mammifères de compagnie ceux qui ont une espérance de vie peu importante (Myomorphes), ceux qui ont une espérance de vie importante (chinchilla) et ceux qui ont une espérance de vie intermédiaire (cobaye).

Espérance de vie moyenne des petits mammifères de compagnie

Espèces	Durée de vie (ans)	Espèces	Durée de vie (ans)
Lapin	5 – 12	Rat	3 – 4
Cobaye	4 – 8	Souris	2 – 3
Octodon	7 – 10	Hamster	1.5 – 3
Chinchilla	8 – 20	Gerbille	3 – 4
Écureuil de Corée	5 – 12	Furet	5 – 11
Chien de prairie	5 – 10		

Le mode de vie des mammifères

- Le lapin, l'octodon, l'écureuil de Corée, le chien de prairie et le furet sont des animaux diurnes (vivant le jour).
- Le chinchilla, la souris et le hamster sont des animaux nocturnes.
- Le cochon d'Inde, le rat et la gerbille peuvent avoir une activité diurne et nocturne.

LE MAINTIEN EN CAPTIVITÉ DES MAMMIFÈRES

Un paragraphe spécifique au furet est présenté à la fin de ce chapitre.

La cage

Le choix du **type de cage** dépend de la taille de l'animal, du nombre d'animaux et du mode de vie de l'animal.
Le lapin et le cochon d'Inde sont maintenus dans des cages sans niveaux. Les autres rongeurs peuvent être détenus dans des cages à niveaux ce qui augmente leur espace vital pour une même surface au sol. Ces rongeurs vivent à l'état sauvage dans des réseaux de galeries (hamster, chien de prairie) ou sont d'excellents sauteurs vivant en zone montagneuse (chinchilla, octodon). L'animal peut accéder aux différents niveaux de la cage soit en sautant (chinchilla, écureuil de Corée) soit en utilisant un plan incliné (myomorphes et chien de prairie). Les cages grillagées à barreaux horizontaux permettent à l'animal d'escalader les parois de sa cage et sont parfois à l'origine d'accidents (chute, fracture d'un membre coincé entre deux barreaux, etc.).
Le maintien en captivité de rongeurs dans un aquarium pose un problème de renouvellement de l'air. Il est à réserver uniquement aux espèces très destructrices susceptibles d'attaquer les parois en plastiques ou en métal des cages traditionnelles (exemple : octodon). Un enclos intérieur peut être proposé pour des espèces comme le chien de prairie qui nécessite un espace vital très important (enclos carrelé avec des rebords hauts).
Le choix de **l'emplacement de la cage** dans l'habitation est très important. Il doit se faire en fonction du mode de vie de l'animal.
Une espèce nocturne dont la cage est placée dans une chambre à coucher risque de perturber le sommeil de son propriétaire.
À l'inverse, une espèce diurne placée dans une pièce à vivre telle que le salon risque d'être dérangée le soir par un allongement de sa photopériode par l'éclairage artificiel et par l'activité humaine. Un stress voire des désordres hormonaux (furet) peuvent découler de ces erreurs d'agencement.
Il faut aussi proscrire tout courant d'air susceptible d'être à l'origine de troubles respiratoires pour l'animal (éviter la proximité de fenêtres et bas de portes, etc.). La cage ne doit pas être exposée aux rayons directs du soleil (risque de coup de chaleur) ni placée dans une pièce dans laquelle

l'animal peut inhaler des vapeurs, fumées de cigarettes ou aérosols (cuisine, etc.). L'espèce la plus sensible aux coups de chaleur est le chinchilla.
La cage ne doit pas être placée trop près d'un radiateur. Il faut prendre garde dans les habitations équipées d'un chauffage au sol de ne pas laisser la cage par terre car un assèchement de l'air peut être à l'origine d'affections respiratoires voire de déshydratation pour l'animal. Les cages doivent dans ce cas être placées en hauteur. Elles doivent enfin se trouver dans un endroit calme (loin d'un ensemble hi-fi vidéo, d'une machine à laver, etc.).

Dimension (en centimètres) et type de cages conseillées pour le maintien en captivité des petits mammifères de compagnie

Espèces	Dimensions de la cage	Type de cage
Lapin	100 × 50 × 40	Plane
Cobaye	60 × 30 × 40	Plane
Octodon	60 × 40 × 80	À niveaux
Chinchilla	80 × 50 × 100	À niveaux
Rat	50 × 30 × 20	À niveaux
Souris	30 × 20 × 40	À niveaux
Hamster	50 × 30 × 30	À niveaux
Gerbille	60 × 30 × 30	À niveaux
Écureuil de Corée	100 × 50 × 150	À niveaux
Chien de prairie	100 × 50 × 50	À niveaux

L'équipement de la cage

La **litière** peut être constituée de foin, de litière végétale (maïs) ou de copeaux de bois. Il faut proscrire les sciures de bois, litières à chats, graviers, et copeaux de bois traités avec des parfums ou des désodorisants ainsi que les copeaux de pins, sapins, cèdres qui dégagent des essences à l'origine d'une irritation des voies respiratoires des petits mammifères voire d'allergies. Les litières ne doivent en aucun cas être poussiéreuses.
Une **cachette** doit être mise à disposition de l'animal et lui permettre de se retrancher du milieu extérieur pour gérer son stress. La taille de la cachette doit être adaptée à la taille de l'animal ainsi qu'au nombre d'animaux. Lors de la détention d'un effectif de petits mammifères, il est conseillé de mettre à leur disposition plusieurs cachettes, éventuellement à différents niveaux pour les cages en hauteur. Il faut privilégier les cachettes en bois non traité (les cachettes en plastique risquent d'être rapidement détruites et les petits morceaux de plastique ingérés par l'animal).
Un petit **rondin de bois** (noisetier) est laissé à disposition de l'animal afin qu'il puisse ronger.

Certaines espèces doivent avoir à leur disposition de la **terre à bain** (chinchilla, octodon, gerbille et chien de prairie). Elle permet à ces animaux, vivant à l'état sauvage dans des milieux secs, de lustrer leur fourrure en se roulant dedans. De façon à éviter toute projection de terre à bain dans la cage voire à l'extérieur de celle-ci, on peut la placer dans un récipient à bords hauts comme un aquarium boule en verre. Il est par contre déconseillé de la laisser en permanence à la disposition de l'animal qui risque de la souiller de ses excréments et urines. Le récipient à terre à bain peut donc être placé dans la cage de l'animal à raison d'une heure par jour. Le moment de mise à disposition dépend bien évidemment du mode de vie de l'animal (exemple : le soir pour un chinchilla, animal aux mœurs crépusculaires et nocturnes). Cette terre à bain s'achète dans les animaleries et graineteries.
Le chinchilla à l'état naturel vit en Amérique du Sud dans les montagnes de la cordillère des Andes (à des altitudes pouvant aller jusqu'à 5 000 mètres). Sa fourrure est adaptée à cet environnement froid et sec (protection thermique notamment). Elle n'est pas imperméabilisée contre l'eau. Par conséquent, le chinchilla ne doit pas être mouillé car il est très difficile à sécher.
Certaines espèces apprécient les jouets, notamment une **roue** (myomorphes et écureuil de Corée). Les roues métalliques à barreaux présentent comme inconvénient des risques de fractures des membres ou de la queue. Elles ont cependant l'avantage de ne pas pouvoir être détruites par l'animal contrairement aux roues pleines en plastique. Il est possible de mettre à disposition de certaines espèces des **tuyaux** qui reproduisent les galeries que ces animaux construisent à l'état naturel (chien de prairie).

L'entretien de la cage et de l'animal

La litière de l'animal doit être régulièrement changée (deux fois par semaine voire plus quand la litière a été souillée et en période de grosses chaleurs). Un manque d'entretien de la litière est souvent à l'origine d'une souillure de celle-ci par les urines de l'animal et donc d'une humidité dans le fond de la cage. L'animal vivant en permanence au contact d'une litière humide est prédisposé aux maux de pattes (se référer au chapitre maladies des petits mammifères). Le bac de la cage doit être abondamment lavé, rincé puis séché.
L'entretien des petits mammifères passe par un suivi médical régulier (consultation annuelle et éventuellement vaccination), par un brossage des espèces à poils longs (lapin angora, cochon d'Inde shelty et péruvien, etc.), par une coupe régulière des griffes et par des pesées de l'animal qui permettent de repérer toute perte de poids anormale ainsi qu'un début d'embonpoint.

Les activités des petits mammifères

L'activité physique des petits mammifères se fait par leur déplacement et leurs jeux dans la cage qui doit donc être la plus spacieuse et la mieux équipée possible (jeux pour certaines espèces, etc.). Des périodes d'**activité en dehors de la cage** sont à conseiller en prenant garde aux destructions que peuvent causer ces animaux ayant tendance à ronger, aux risques d'électrocutions et d'intoxication par ingestion de produits ou de plantes, aux chutes, aux fugues, etc.
Ces périodes se font donc « **en liberté surveillée** » et dans une pièce peu encombrée et sans échappatoire. Il faut prendre garde aux réactions que peuvent avoir les autres animaux se trouvant dans l'habitation (chien et chat notamment). On peut utiliser, pour les mammifères de petits gabarits comme le rat, la souris et le hamster, une boule en plastique transparent vendue en animalerie qui leur permet de se déplacer dans l'habitation (prendre garde aux escaliers). L'intérêt de ces périodes d'activité physique, outre le bien-être de l'animal, est de favoriser le transit digestif et de limiter les risques d'embonpoint.

Cas particulier du maintien en captivité du furet

La cage du furet doit être spacieuse (au moins 80 × 50 × 30 cm, sans niveaux). C'est un animal propre. Le propriétaire doit repérer le coin de la cage choisi par l'animal pour y faire ses besoins et y placer une litière d'angle dans laquelle il peut mettre de la litière à chat changée régulièrement. Le reste de la cage ne doit pas être recouvert d'une litière particulière. Les furets sont des adeptes des siestes dans des hamacs spécialement conçus pour eux vendus en animaleries, et apprécient de jouer dans des tuyaux.
Les règles générales sur l'emplacement de la cage et son entretien sont analogues à celles présentées pour les rongeurs et lagomorphes. Des périodes d'activité en dehors de la cage sont nécessaires en prenant garde au caractère curieux de cet animal qui n'hésite pas à escalader, d'où des risques de chute et de casse d'objets.

L'ALIMENTATION DES PETITS MAMMIFÈRES

Une alimentation adaptée donnée dans les bonnes conditions et dans les bonnes quantités est un impératif pour le bien-être de l'animal. Ce chapitre vise à donner les grandes règles de l'alimentation des rongeurs et lagomorphes. Un paragraphe spécifique au furet est présenté à la fin de ce chapitre.

Présentation générale de l'alimentation des rongeurs et lagomorphes de compagnie

Un régime alimentaire correspond à une tendance de l'alimentation. Les aliments consommés doivent être riches et variés de façon à répondre aux besoins en énergie de l'animal et aux besoins en protéines, lipides, glucides, minéraux, vitamines et oligo-éléments. Trois principaux types d'aliments sont à la disposition des propriétaires de ces animaux : le foin, les aliments industriels et les aliments de la ration ménagère (fruits et légumes, etc.).

Particularités de l'alimentation des petits mammifères de compagnie

Espèces	Régime alimentaire	Aliments MS/100gPV/jour (grammes)	Protéines (%)	Matières grasses (%)	Boisson /100gPV/jour (millilitres)
Lapin	Herbivore	5	14 – 18	2 – 3	5 – 10
Cobaye	Herbivore	6	18 – 30	3	10
Octodon	Herbivore	10 – 12	13 – 15	3 – 5	10
Chinchilla	Herbivore	3 – 6	16 – 20	2 – 5	1 – 2,5
Rat	Omnivore	5 – 6	12 – 27	5	10 – 12
Souris	Omnivore	12 – 18	16 – 20	5	15
Hamster	Omnivore	8 – 12	15 – 25	3 – 5	8 – 10
Gerbille	Omnivore	5 – 8	16 – 22	2 – 4	4 – 7
Écureuil de Corée	Omnivore	14 – 16	19	5	7 – 13
Chien de prairie	Herbivore	2 – 4	–	–	10

MS : matière sèche / PV : poids vif

Choix des aliments

Le foin

C'est un aliment essentiel et très apprécié de la plupart des rongeurs et lagomorphes de compagnie. Un foin de qualité se caractérise par des **fibres fines, vertes, non poussiéreuses, sèches et dégageant une bonne odeur.** Les foins de « qualité A ou regain » sont à conseiller. Un foin constitué de fibres épaisses, grossières et jaunâtres se rapproche plus de la paille et n'a que peu d'intérêt nutritionnel. En vue d'une consultation NAC, l'ASV peut conseiller au propriétaire, lors de la prise de rendez-vous par téléphone, d'amener une poignée de son foin de façon à ce que sa qualité soit jugée en clinique.

Les aliments industriels

Achetés en animalerie, ils doivent répondre aux besoins spécifiques de l'espèce. Il est indispensable que le propriétaire d'un animal choisisse l'aliment qui lui corresponde. Il est par exemple déconseillé de nourrir un hamster avec des aliments conçus pour cochon d'Inde. De la même façon, il faut proscrire les aliments industriels présentés comme étant adaptés aux rongeurs et lagomorphes sans précision d'espèce. Ces aliments ne peuvent en aucun cas répondre de manière spécifique aux besoins alimentaires d'espèces différentes. Il est possible de trouver dans les animaleries, graineteries et cliniques vétérinaires des aliments conçus pour chacune des espèces que nous avons abordées.

Les aliments industriels sont constitués soit d'un mélange de graines soit de granulés composés de plusieurs fourrages. Il faut s'assurer que l'animal ne trie pas sa nourriture au risque de voir se développer des carences alimentaires.
Pour ces animaux « trieurs », on privilégie les granulés constitués d'un mélange de plusieurs fourrages. Il faut aussi préférer les aliments industriels présentant des extrudés de légumes (légumes déshydratés) permettant d'enrichir l'apport alimentaire. Ces aliments industriels sont distribués dans une écuelle. Il faut opter pour une écuelle en terre cuite, c'est-à-dire lourde et ne pouvant être ingérée ou renversée comme c'est le cas des gamelles en plastique.

Les aliments frais

Ils sont constitués de fruits, de légumes et d'herbes.
Les principaux végétaux pouvant être conseillés pour l'alimentation des rongeurs et lagomorphes de compagnie sont : la carotte, les fanes de carottes, la salade, la pomme et les pissenlits. D'autres végétaux s'avèrent toxiques ou déconseillés pour ces animaux : l'avocat, les marrons, la pomme de terre, le chou, le laurier rose, le muguet, etc.
Des **règles de distribution** sont à suivre :
- les aliments doivent être distribués frais, une à deux fois par jour et retirés s'ils ne sont pas consommés rapidement ;
- les aliments ne doivent pas être distribués froids (c'est-à-dire sortant du réfrigérateur) ;
- les végétaux doivent être préalablement lavés (pour retirer les résidus de pesticides et d'insecticides) et séchés ;
- il faut proscrire la distribution de végétaux cueillis sur les bords de route ou sur un terrain traité avec des produits chimiques, ainsi que les plantes d'ornement ;
- il faut éviter tout changement alimentaire brutal. Les quantités distribuées doivent également être adaptées à l'animal : un animal déjà âgé n'ayant jamais été habitué à manger de la verdure risque fort une diarrhée s'il reçoit subitement une quantité importante de végétaux. Un jeune animal ne doit donc pas recevoir trop de végétaux frais. On doit débuter par de petites quantités, vérifier que l'animal les digère bien puis augmenter progressivement les doses.

La boisson

Les petits mammifères doivent toujours avoir à leur disposition de l'eau fraîche. Deux modes de distribution sont possibles en captivité : la gamelle d'eau et le biberon.
On privilégie le biberon, plus hygiénique et non susceptible d'être renversé sur la litière (une litière humide pouvant être à l'origine d'infections cutanées notamment au niveau des pattes). Il faut s'assurer que le biberon soit bien installé, c'est-à-dire fixé à l'extérieur de la cage et verticalement de façon à ne pas faire du goutte à goutte sur la litière.

Il faut aussi s'assurer que l'animal en comprenne le mode de fonctionnement. En effet, un petit mammifère habitué à boire dans une écuelle risque de ne pas s'abreuver spontannément au biberon. Outre le risque d'être renversée, une écuelle d'eau présente aussi un inconvénient hygiénique car certaines espèces ont tendance à y faire leur besoin et à souiller l'eau. Dans le cas de l'utilisation d'une écuelle, il faut s'assurer qu'elle soit bien fixée sur un bord de la cage.
L'eau doit être renouvelée quotidiennement et l'écuelle ou le biberon lavés régulièrement. On peut conseiller au propriétaire de laisser reposer l'eau du robinet avant de la distribuer. Cela permet l'évaporation du chlore souvent présent en quantité importante dans l'eau du robinet et auquel certaines espèces sont sensibles (notamment le chinchilla). L'eau doit être distribuée à température ambiante. Si un traitement antibiotique ou vitaminé est entrepris dans l'eau de boisson, l'altération par la lumière de ces molécules rend obligatoire le changement de l'eau et l'adjonction des médications de façon quotidienne.

La cæcotrophie

La cæcotrophie est l'ingestion de crottes fabriquées dans le cæcum des rongeurs et lagomorphes de compagnie, portion de l'intestin et « cuve à fermentation où les bactéries digèrent les végétaux ingérés ». Elle ne doit pas être confondue avec la coprophagie qui correspond à l'ingestion de crottes dans l'environnement suite notamment à des carences alimentaires.
La cæcotrophie permet d'optimiser l'alimentation. Les bactéries présentes dans son cæcum produisent en effet de nombreuses substances et sont elles-mêmes dégradées à leur mort. Ces substances partent avec le transit digestif et seraient pour certaines définitivement perdues si l'animal ne consommait pas ces crottes (appelées cæcotrophes).
Ainsi, l'animal permet à certaines substances un second passage dans le tube digestif et donc une meilleure assimilation. Les **cæcotrophes** sont notamment riches en **protéines** et en **vitamines.** Dans le cas du lapin par exemple, les cæcotrophes sont produites dans le cæcum la nuit, sont prélevées directement au niveau de l'anus le matin et présentent une consistance molle différente des selles dures émises en journée.

Les particularités d'espèces

Les règles générales présentées dans ce paragraphe sont applicables pour toutes les espèces de rongeurs et de lagomorphes de compagnie. Cependant, des particularités d'espèces sont à prendre en compte.

- Le lapin ne doit pas avoir plus de 40 % de luzerne dans sa ration alimentaire. La luzerne étant très riche en calcium, elle prédispose l'animal à la formation de calculs urinaires.
- Le cobaye est un animal naturellement carencé en vitamine C, une complémentation quotidienne lui est donc indispensable. Il est également prédisposé à l'embonpoint.

- Les myomorphes ont un régime alimentaire omnivore, ils peuvent donc recevoir de temps en temps dans leur ration des protéines animales sous forme de viande blanche cuite.
- La gerbille ne doit pas consommer d'aliments riches en vitamine C (agrumes, kiwi).
- Le hamster et l'écureuil de Corée ont tendance à faire des réserves dans leur cage. Il est important de vérifier régulièrement qu'il n'y ait pas de moisissures s'installant sur ces aliments.
- L'octodon ne doit en aucun cas recevoir d'aliments sucrés (gâteau, fruits rouges, etc.) car il est prédisposé au diabète.
- Le chinchilla est un animal vivant à l'état sauvage dans un milieu très sec, son organisme n'est donc pas adapté à la digestion de quantités importantes de végétaux frais. Il faut donc privilégier pour lui des aliments secs (granulés du commerce, foin, herbes et fruits séchés, etc.). L'excès d'humidité dans sa ration alimentaire est très rapidement à l'origine de diarrhées potentiellement graves.
- Le chien de prairie est essentiellement herbivore (régime alimentaire se rapprochant de celui du lapin). Cependant à l'état sauvage, il lui arrive de consommer quelques insectes. En captivité, un apport de protéines animales peut se faire par une distribution de manière ponctuelle de croquettes allégées pour chien.

L'alimentation du furet

Les besoins alimentaires d'un furet sont assez proches de ceux d'un chaton. Son régime alimentaire est carnivore. Il doit en permanence avoir à disposition des aliments à **taux élevé en protéines** (30 à 40 %) et en **matière grasse** (18 à 30 %). Le **taux de fibres dans la ration doit être faible** (environ 2 %).
Les fibres accélérant le transit digestif et le furet ayant un transit déjà naturellement rapide, un aliment trop riche en fibres ne peut pas être assimilé convenablement, même s'il contient des quantités correctes de matières grasses et protéines.
Le furet consomme quotidiennement 4 à 5 grammes de matière sèche par 100 grammes de poids vif et boit 60 à 75 ml d'eau.

LA REPRODUCTION DES MAMMIFÈRES

Les principales caractéristiques de la reproduction sont regroupées dans le tableau suivant, dans lequel l'ASV peut trouver rapidement les informations classiquement recherchées par la clientèle vétérinaire.

Les principales caractéristiques de la reproduction des petits mammifères de compagnie

Espèces	Maturité sexuelle	Période de reproduction	Durée de gestation (jours)	Nombre de portées par an	Nombre de petits par portée	Poids à la naissance (grammes)	Durée de lactation (semaines)
Lapin	M: 5 – 7 mois F: 4 – 8 mois	Toute l'année	30 – 32	2 – 3	2 – 5	30 – 80	3 – 4
Cobaye	M: 10 sem F: 6 sem	Toute l'année	59 – 72	2 – 3 (voire 4 – 5)	2 – 3	40 – 100	2 – 4
Octodon	M: 180 j F: 90 – 150 j	Toute l'année	87 – 93	2	5 (1 – 10)	15	4 – 6
Chinchilla	M: 9 mois F: 4 – 5 mois	Novembre à mai	110 – 120	2	1 – 5	30 – 60	6 – 8
Rat	60 jours	Toute l'année	20 – 23	4 – 5	5 – 6	5 – 6	3
Souris	M: 45 j F: 40 – 45 j	Toute l'année	19 – 21	4 – 8	7 – 10	1 – 3	3 – 4
Hamster	M: 60 – 65 j F: 40 – 45 j	Mai à septembre	15 – 16	8 – 10	5 – 9	2	3 – 4
Gerbille	M: 70 – 85 j F: 65 – 85 j	Toute l'année	24 – 26	7 – 8	1 – 12	3	3
Écureuil de Corée	M: 12 mois F: 11 mois	Mars à avril	35 – 40	1	3 – 5	3 – 4	4
Chien de prairie	2 – 3 ans	Janvier à mars	30 – 35	1	2 – 10	15	6 – 7
Furet	M: 8 – 12 mois F: 7 – 10 mois	M: déc-juillet F: mars-août	40 – 44	1 – 2	8 – 10	6 – 12	6 – 8

M : mâle / F : femelle

Le sexage

Le sexage (ou détermination du sexe) peut être un motif de consultation vétérinaire. L'ASV et le praticien doivent connaître les différentes techniques applicables aux mammifères de compagnie. Trois éléments peuvent être utilisés mais une combinaison de ces trois techniques est souvent conseillée pour le sexage des jeunes animaux.

- **Observation des testicules :** elle est fonction de l'espèce et de l'âge de l'animal. Elle est facile chez certains animaux à l'âge adulte notamment chez le rat, le hamster et le lapin. Les testicules ne sont pas en position scrotale en permanence. Une pression appliquée sur l'abdomen au niveau de l'ombilic et maintenue en faisant glisser la main vers le bas du ventre permet de faire « ressortir » les testicules en position scrotale pour permettre leur visualisation. Cette technique a également un grand intérêt lors d'une castration pour récupérer un testicule « parti » en position abdominale.

- **Observation du pénis** : l'extériorisation du pénis est possible chez certaines espèces en plaçant deux doigts de part et d'autre de l'orifice génital et en appliquant une légère pression vers le bas. Cette technique est facile à réaliser chez le cochon d'Inde et le lapin.
- **Observation de la distance entre les orifices anal et génital** : elle est plus importante chez le mâle par rapport à la femelle.

La détermination du sexe d'un jeune chinchilla ou octodon est plus délicate. En effet, chez ces deux espèces, les femelles possèdent une vulve de forme allongée et pendante pouvant être confondue avec un pénis. Il faut souligner que le sexage du furet ne pose pas de difficulté, il est analogue à celui qui est effectué chez le chien. Le furet mâle possède un os pénien et son orifice génital se situe sur la face ventrale de l'animal.

Les particularités physiologiques de la reproduction des rongeurs et lagomorphes de compagnie

L'observation du tableau regroupant l'ensemble des particularités physiologiques de la reproduction des rongeurs et lagomorphes de compagnie permet de distinguer deux principaux groupes d'animaux :

- ceux présentant une reproduction « abondante » avec un temps de gestation court, un nombre important de petits par portée et de portées par an ;
- ceux présentant une reproduction avec un temps de gestation long et un nombre de portées par an et de petits par portée faible.

Dans le premier cas, les nouveau-nés sont sans poils, aveugles, incapables de se déplacer et totalement dépendants de leur mère. Ils sont dits **nidicoles** (restant dans le nid).

Le second groupe (chinchilla et cochon d'Inde) a des nouveau-nés pourvus de poils, capables de se déplacer et les yeux ouverts à la naissance. Les petits sont dits **nidifuges** (capables de s'éloigner du nid). Les espèces concernées sont des espèces sud américaines vivant à l'état sauvage dans des conditions climatiques rudes (froid, etc.). La naissance de petits nidicoles dans un tel environnement les conduiraient à une mort certaine. Notons que l'octodon est considéré comme un animal nidifuge bien que l'ouverture des paupières des petits ne se fasse qu'au bout de 2 à 3 jours.

- **Particularités de la reproduction du lapin** : certains lapins peuvent montrer de l'agressivité en période de reproduction et les combats, notamment entre mâles, sont fréquents. La femelle, quelques jours avant la mise bas, s'arrache les poils de la face ventrale pour se confectionner un nid. La lapine peut aussi présenter des grossesses nerveuses. Son ovulation est provoquée par l'accouplement.
- **Particularités de la reproduction du cobaye** : l'élément essentiel à retenir est l'âge de mise à la reproduction des femelles qui doivent se

reproduire de façon précoce (avant l'âge de 10 mois). Une soudure de la symphyse pubienne en l'absence de reproduction avant cet âge peut être à l'origine d'une dystocie lors d'une gestation ultérieure. Le cobaye est une espèce nidifuge.

- **Particularités de la reproduction du hamster :** le hamster est le rongeur présentant la durée de gestation la plus courte. C'est l'un des animaux les plus prolifiques en captivité. Une gestion de la reproduction est impérative lors de la possession d'un groupe d'animaux (se reporter au chapitre suivant). Le hamster peut faire l'objet d'un phénomène de **cannibalisme** (nouveau-nés tués voire mangés par les adultes). Ce phénomène, également rencontré chez d'autres espèces (lapin, rat, etc.), est généralement dû à un stress : surpopulation, manipulation des petits, bruits, carences alimentaires, etc. Il est donc conseillé d'isoler la femelle et ses petits à la mise bas dans une cage placée au calme. L'alimentation est distribuée en abondance et en libre-service. L'entretien de la cage se fait sans toucher au nid.
- **Particularités de la reproduction du rat, de la souris et de la gerbille :** la reproduction de ces myomorphes est caractérisée essentiellement par une durée de gestation courte, un nombre important de petits par portée et de portées par an. Le maintien en captivité d'un groupe d'individus doit obligatoirement passer par une bonne gestion de la reproduction. On rencontre parfois des phénomènes de cannibalisme.
- **Particularités de la reproduction de l'écureuil de Corée :** sa reproduction est essentiellement caractérisée par une unique portée par an et l'existence d'une période de reproduction (printemps) contrairement à de nombreux rongeurs susceptibles de se reproduire tout au long de l'année. L'écureuil de Corée peut faire preuve d'agressivité en période de reproduction. Une stérilisation chirurgicale peut dans ce cas être conseillée.
- **Particularités de la reproduction du chinchilla :** c'est le rongeur de compagnie ayant la durée de gestation la plus longue (quasiment le double de celle d'un chien et près de huit fois plus longue que celle d'un hamster). Suite à l'accouplement, la femelle peut envelopper l'éventuel excès de sperme dans un film muqueux produit par ses voies génitales, et rejeter celui-ci à l'extérieur. Ces petits bouchons translucides de 1 à 2 mm de long (appelés stopper), peuvent être retrouvés dans la cage et sont donc révélateurs d'un accouplement. L'un des éléments essentiels à retenir dans la physiologie de la reproduction du chinchilla est l'existence de chaleurs fécondantes dans les douze heures suivant la mise bas. La femelle chinchilla accouche durant la nuit et peut se réaccoupler le soir-même. Elle risque donc d'enchaîner deux gestations d'environ 4 mois chacune auxquelles vont se superposer deux lactations. La femelle s'affaiblit par cet excès de reproduction. Il est donc fortement conseillé de séparer le mâle de la femelle en fin de gestation pour éviter un nouvel accouplement. Le nombre moyen de gestations par an dans les élevages est de deux (mais non consécutives). Les nouveau-nés sont nidifuges.

- **Particularités de la reproduction de l'octodon :** on retient de la reproduction de l'octodon un temps de gestation long (environ 3 mois) et des nouveau-nés nidifuges (bien que les paupières ne s'ouvrent qu'au bout de 2 à 3 jours). Il faut éviter le maintien en captivité de plusieurs mâles avec une seule femelle car des combats violents risquent d'avoir lieu.
- **Particularités de la reproduction du chien de prairie :** le chien de prairie ne se reproduit qu'une fois par an et en début d'année. Il est important de souligner le caractère agressif de l'animal durant cette période. Sous l'influence des hormones, les femelles ont tendance à protéger le nid. Les mâles partent eux à la recherche du partenaire sexuel et attaquent les concurrents. L'animal même parfaitement socialisé et habitué à ses propriétaires, peut les agresser. Les morsures d'un chien de prairie, animal doté d'une mâchoire très puissante, sont potentiellement dangereuses. Une stérilisation chirurgicale du chien de prairie est à conseiller en prévention à l'automne de leur deuxième année. Une unique portée par an associée à une période de reproduction limitée au début de l'année, ainsi que l'interdiction d'importation des chiens de prairie en France, sont à prendre en compte lors de l'acquisition de cet animal. Les animaleries sont difficilement approvisionnées. Il faut toujours conseiller l'achat d'un chien de prairie au printemps (il s'agit alors d'un animal jeune). À l'inverse, un animal acheté en animalerie en fin d'année est âgé de plusieurs mois et n'a pas été souvent manipulé par l'homme. Cette absence de socialisation peut faire de lui un animal agressif difficile à acclimater.

Particularités physiologiques de la reproduction du furet

Les chaleurs de la furette sont caractérisées par un important œdème de la vulve (taille dix fois supérieure à la normale). La particularité physiologique de la reproduction du furet devant impérativement être connue est **l'ovulation provoquée par l'accouplement.** Une femelle en chaleur reste en chaleurs tant qu'elle ne s'accouple pas, parfois pendant plusieurs mois. Les chaleurs peuvent s'interrompre à l'automne, spontanément. Mais lors de chaleurs prolongées, une importante production d'hormones sexuelles femelles (œstrogène) est maintenue et peut aboutir à une maladie appelée **hyperœstrogénisme** (50 % des femelles en chaleurs prolongées la développe). Les hormones présentes en excès peuvent détruire les cellules de la moelle osseuse. L'animal va alors s'anémier et mourir. Un danger vital existe au delà de un mois de chaleurs : la **stérilisation** chirurgicale systématique de toutes les femelles non amenées à reproduire est donc à conseiller.

Une interruption chimique des chaleurs ou leur prévention sont également envisageables, mais présentent plusieurs inconvénients : l'efficacité des injections n'est pas garantie à 100% et une prédisposition aux infections utérines est constatée chez les animaux régulièrement traités. Outre un intérêt médical, la stérilisation a également comme avantage chez le furet de limiter l'agressivité de l'animal et de diminuer son odeur corporelle (chez le mâle). Elle est pratiquée à l'âge de six mois. Si un particulier décide de ne pas faire stériliser sa furette, celle-ci doit s'accoupler de façon systématique à chaque période de chaleurs. Les furets nouveau-nés sont **nidicoles.**

La maîtrise de la reproduction chez les mammifères

Elle se fait par **séparation des mâles et des femelles** (un sexage précoce est nécessaire chez les espèces telles que les myomorphes présentant une puberté rapide), ou par stérilisation des animaux.
La **stérilisation** des mâles est la plus simple à réaliser techniquement parlant. Elle présente aussi l'intérêt de diminuer l'odeur corporelle (chez le furet) et l'agressivité (chien de prairie, écureuil de Corée, furet). Deux techniques de castration existent pour la stérilisation des mâles : castration à testicules couverts (c'est-à-dire avec incision du scrotum mais sans incision de l'enveloppe du testicule, par exemple chez le lapin) ou à testicules découverts. Le praticien doit choisir la technique la plus adaptée à l'espèce concernée.
La stérilisation des femelles est aussi intéressante car elle permet une prévention des tumeurs utérines et ovariennes (par ovariohystérectomie notamment chez les lapines) et diminue l'incidence des tumeurs mammaires (notamment chez la rate), limite les risques de grossesse nerveuse (lapine) et prévient l'agressivité à la puberté (chien de prairie) ou lors de la gestation (lapine). Les techniques d'ovariectomie et d'ovariohysterectomie sont analogues à celles utilisées chez la chatte.

La prise en charge des orphelins

Les lapins, rongeurs et furets orphelins sont maintenus dans une cage au chaud avec un nid et peuvent être allaités avec un **lait artificiel** conçu pour chiens et chats, à l'exception du cochon d'Inde qui présente un lait moins riche. Un lait artificiel à conseiller pour cette espèce est constitué d'un mélange tiède de lait de vache entier (80 %) et d'eau (20 %) additionné de vitamine C. Le recours à des seringues à insuline sans aiguilles est conseillé pour remplacer les biberons pour carnivores domestiques inadaptés au gabarit de ces espèces.

LES PRINCIPALES MALADIES DES MAMMIFÈRES

Un minimum de connaissances concernant les maladies des NAC est nécessaire pour l'ASV de façon à ce qu'il ne puisse, en aucun cas, sous-estimer la gravité éventuelle d'affections n'ayant pas les mêmes symptômes ni les mêmes conséquences pour les NAC que pour les chiens ou les chats. Ces connaissances l'aideront à prendre les bonnes initiatives vis-à-vis de la clientèle (repérer l'urgence, donner les bons conseils...).

L'anorexie

L'anorexie, ou arrêt de la prise alimentaire, est le symptôme le plus fréquent motivant une consultation de petit mammifère.
Ses causes sont multiples : abattement, faiblesse, infection, stress, atteintes digestives, etc.
Elle constitue toujours, chez les rongeurs et lagomorphes de compagnie, un motif de consultation urgent, car tout bouleversement du transit digestif est à l'origine d'un déséquilibre de leur flore bactérienne. À l'état physiologique, certaines bactéries se multiplient de manière intensive dans le tube digestif qui constitue donc pour ces animaux une bombe à retardement. Toute prolifération anormale de la flore digestive peut ainsi être à l'origine d'une entérotoxémie potentiellement mortelle pour l'animal. C'est pourquoi le gavage des petits mammifères est souvent une nécessité lors de l'hospitalisation et lors de la mise en place du traitement. Dans le cas du furet, l'anorexie peut être à l'origine d'un affaiblissement rapide de l'animal en raison d'une hypoglycémie.

Les affections digestives

L'atteinte du tube digestif se manifeste à différents niveaux. L'atteinte dentaire est sans doute la plus délicate à aborder en clinique vétérinaire, de par les particularités anatomiques et physiologiques de la cavité buccale des rongeurs et des lagomorphes (se référer aux paragraphes précédents). Les affections dentaires regroupent les cas de **malocclusions dentaires** (mauvais affrontement entre les dents) et les **abcès dentaires.** Les signes évocateurs sont multiples : ptyalisme (animal qui bave et présente un menton et des membres antérieurs mouillés), masse sur la tête, infections oculaires purulentes, rhinites purulentes, dents sortant de la bouche, etc. Une consultation urgente est souvent nécessaire. Les autres atteintes digestives sont représentées par les **diarrhées, la constipation et l'arrêt du transit digestif.** Comme nous l'avons vu précédemment avec l'anorexie, ces dernières atteintes sont à l'origine d'un déséquilibre de la flore bactérienne digestive des rongeurs et lagomorphes. Les diarrhées et les vomissements sont des maladies fréquentes chez le furet.

Les affections dermatologiques

On rencontre principalement des cas de teigne (chez le cochon d'Inde, le lapin, le chinchilla et le chien de prairie), des gales (gale auriculaire du lapin et du furet, gale du corps chez le rat et la souris), des poux (chez le cobaye), des pulicoses (atteinte par les puces).

Les affections respiratoires

On rencontre surtout des **rhinites** souvent associées à des éternuements et des **pneumonies.** Les affections respiratoires chez les rongeurs et lagomorphes de compagnie sont souvent dues à des erreurs dans leur maintien en captivité. Étant donnée l'étroitesse de la cage thoracique chez ces petites espèces et le faible volume des poumons, les pneumonies sont toujours à prendre en charge rapidement au risque de voir se développer une pathologie chronique voire mortelle pour l'animal. Le lapin et le cochon d'Inde sont les deux principales espèces concernées par les rhinites. La principale espèce concernée par les pneumonies chroniques est le rat.

Traumatisme

Les petits mammifères de compagnie sont souvent des espèces agiles, rapides et donc exposées aux blessures, chutes et fractures. La cohabitation de plusieurs animaux les prédispose aussi aux combats notamment chez l'octodon. Les fractures sont donc un motif de consultation fréquent pour ces espèces et parfois délicat à traiter compte-tenu de la taille de l'animal (chirurgie osseuse souvent impossible).

Les masses

Les principales masses rencontrées chez les petits mammifères sont les kystes, les abcès et les tumeurs.

Un diagnostic différentiel doit être établi par le vétérinaire.

Les principales espèces concernées par les tumeurs à la surface du corps sont les rats, les cobayes, la souris et les furets. Les tumeurs mammaires deviennent la plupart du temps très volumineuses. Une masse de grand gabarit va très vite invalider l'animal et risque de s'ulcérer par frottements sur le sol puis de se surinfecter. Une consultation rapide est donc toujours à conseiller.

Les maux de pattes

Ils regroupent l'ensemble des affections des pattes chez les petits mammifères. Cette affection est l'exemple le plus parlant de la nécessité de recueillir l'intégralité des informations concernant le mode de vie de l'animal lors d'une consultation vétérinaire car la quasi totalité de ses causes sont des erreurs dans le maintien en captivité : litière trop abrasive, trop humide, manque d'hygiène au niveau des griffes, manque d'exercice physique, obésité, carence en vitamine C dans le cas du cochon d'Inde, etc.

Les affections de l'appareil uro-génital

Les principales affections rencontrées sont les infections utérines, les tumeurs ovariennes ou utérines (principalement chez la lapine et la rate), les difficultés à la mise-bas (principalement le cobaye), les calculs urinaires (surtout chez le lapin). Une consultation vétérinaire urgente doit être proposée devant toute difficulté urinaire ou écoulement vaginal anormal.

Les affections neurologiques

On rencontre essentiellement des torticolis notamment chez le lapin, le cochon d'Inde et le rat. L'animal est présenté en consultation avec la tête penchée éventuellement associée à des pertes d'équilibre. Une paralysie de la face du côté où l'animal penche la tête peut aussi être signalée. L'animal ne pouvant fermer ses paupières a dans ce cas une cornée exposée à l'assèchement ainsi qu'aux ulcères par blessure avec la litière. Le port de tête anormal est un motif de consultation en urgence.

Les alopécies hormonales ou comportementales

Plusieurs espèces peuvent présenter une perte de poils consécutive à un trouble hormonal : cochon d'Inde, hamster, furet.
Comme chez le chien et le chat, ces pertes de poils d'origine hormonale se traduisent par des dépilations symétriques sur les flancs et la croupe et non prurigineuses (l'animal ne se gratte pas). Les principales pertes de poils dues à un trouble comportemental sont rencontrées chez le chien de prairie (phénomène analogue au picage des oiseaux et dû au stress).
Rappelons que l'arrachage du poil du ventre par la lapine lors de la confection de son nid est un phénomène physiologique.

Les affections virales

Les principales affections virales rencontrées chez les petits mammifères sont : la myxomatose et la maladie hémorragique virale du lièvre (VHD : viral hemoragic disease) chez le lapin et la maladie de Carré chez le furet. Ce dernier est également sensible au virus de la grippe humaine.
Un particulier possédant des furets et lui-même atteint par la grippe doit prendre des mesures d'hygiène de façon à éviter toute transmission du virus à son animal (limitation des manipulations, port d'un masque chirurgical, etc.).

La carence en vitamine C chez le cochon d'Inde

Cette carence se traduit par des hémorragies musculaires (d'où une paralysie postérieure), des hémorragies au niveau des gencives, une prédisposition de l'animal aux maux de pattes, etc. Une correction de l'alimentation par un apport en vitamine C est indispensable.

2

LES OISEAUX

Les oiseaux de cage et de volière rencontrés en consultation sont très variés.

Ce chapitre a pour but de présenter les principales espèces mais n'aborde pas les volailles (se reporter au chapitre sur les espèces insolites).

LA CLASSIFICATION DES OISEAUX DE CAGE ET DE VOLIÈRE

La classe des oiseaux est extrêmement diversifiée : elle va du colibri ne pesant que quelques grammes aux plus gros oiseaux incapables de voler comme les autruches (plus de 100 kilos).
Plus de 9 000 espèces ont été répertoriées à travers le monde.
Le tableau page suivante présente une classification succincte des oiseaux, et ne prend en compte que les oiseaux classiquement rencontrés en consultation vétérinaire.

La classification des principaux oiseaux de cage et de volière

Embranchement	Classe	Ordre	Famille	Espèces
Vertébrés	Oiseaux *(Aves)*	Anseriformes	Anatidés	Canard, oie, cygne, tadorne
		Columbiformes	Colombidés	Pigeon, colombe, tourterelle
		Galliformes	Phasianidés	Caille de Chine, faisan, paon, poule
		Passeriformes	Fringilidés	Canari, serin du Mozambique
			Estrilidés	Cou coupé, ventre orange, padda, bec d'argent, diamants, bengali, astrild, sénégali, moineau du Japon
			Sturnidés	Mainate
		Psittaciformes	Psittacidés	Perroquets, perruches, inséparables

LES PARTICULARITÉS ANATOMIQUES ET PHYSIOLOGIQUES DES OISEAUX

Morphologie d'un oiseau (Figure 1)

1. Tête
2. Œil
3. Maxille } *Bec*
4. Mandibule } *Bec*
5. Menton
6. Front
7. Vertex
8. Nuque
9. Cou
10. Joue
11. Région auriculaire
12. Gorge
13. Poitrine
14. Tectrice
15. Aile
16. Remiges
17. Rectrices
18. Tarse
19. Tibia
20. Région dorsale
21. Doigts

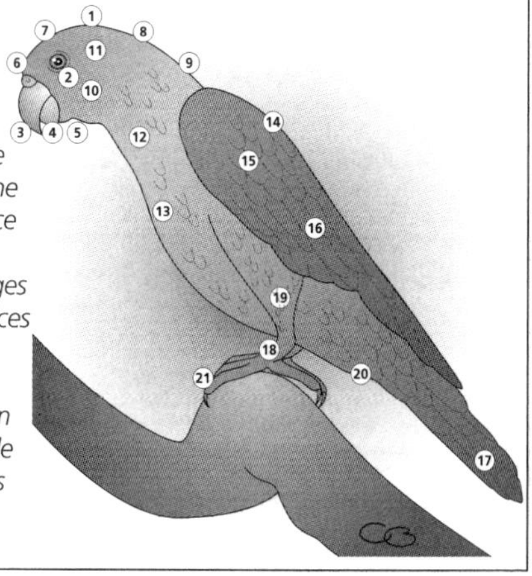

L'appareil digestif

Le tube digestif de l'oiseau débute par un **bec adapté à son régime alimentaire.** Les petits oiseaux granivores sont pourvus d'un petit bec pointu leur permettant la préhension de graines de faible gabarit. Les oiseaux granivores et omnivores, qui se nourrissent de graines plus grosses devant être décortiquées, sont dotés d'un bec crochu (perroquet par exemple). Le bec pousse de façon régulière et ne présente aucune dent.
L'œsophage des oiseaux a une particularité par rapport à celui des autres animaux : **le jabot.**
Ce diverticule de l'œsophage, situé dans sa partie caudale et palpable à l'entrée de la poitrine, constitue un lieu de stockage temporaire des aliments.
L'oiseau ingère rapidement des aliments qui sont stockés dans le **jabot,** puis sont progressivement soit redistribués en direction de l'estomac, afin d'être digérés, soit régurgités vers le bec, par exemple pour nourrir les petits (lait de jabot chez les colombidés).
L'estomac des oiseaux se subdivise en deux parties : le **proventricule** dans lequel est fabriqué une sécrétion acide et le **gésier,** très musculeux qui permet une digestion mécanique des aliments. L'oiseau ingère des petits graviers qui, une fois situés dans le gésier, permettent de concasser les graines.
L'intestin a trois parties classiques : le duodénum, l'iléon et le rectum.
Les oiseaux carnivores et frugivores possèdent un intestin court au diamètre important. Les oiseaux granivores possèdent, quant à eux, un intestin plus long et plus fin.
Le tube digestif des oiseaux se termine au niveau du **cloaque,** dans lequel s'abouchent également les voies urinaires et reproductrices. Contrairement aux mammifères, les oiseaux (ainsi que les reptiles) ne possèdent pas d'orifices uro-génital et digestif séparés.

L'appareil respiratoire

Les narines sont situées juste en arrière de la partie supérieure du bec. Les oiseaux ont des sinus très développés dans lesquels peuvent se produire diverses infections (sinusite).
L'appareil respiratoire des oiseaux est aussi caractérisé par la présence de deux petits poumons non extensibles, situés dans le tiers dorsal de la cage thoracique, auxquels font suite des **sacs aériens** volumineux et « disséminés » entre les viscères voire dans certains os.
Les oiseaux peuvent présenter six paires de sacs aériens dont certains sont fusionnés entre eux. Quelques oiseaux adultes présentent des ramifications de sacs aériens dans les os **(os pneumatiques).** C'est le cas par exemple chez la perruche, dans les vertèbres cervicales et une portion des humérus.

L'appareil uro-génital

Le mâle possède deux testicules internes s'abouchant directement au cloaque. Chez la femelle adulte, seuls l'ovaire et l'oviducte gauches sont fonctionnels.

L'appareil urinaire est caractérisé par l'**absence de vessie.** Les deux uretères, partant des reins, s'abouchent directement au niveau du cloaque. Le cloaque fait office de vessie, c'est-à-dire que l'urine s'accumule dans une de ses portions avant d'être expulsée (en général en même temps que les selles). Le déchet du métabolisme azoté chez les oiseaux est l'acide urique (tout comme les reptiles).

Les adaptations au vol et les plumes

Il faut noter essentiellement **l'allégement du corps :** réduction du nombre d'os (main réduite à un doigt), absence de dents, os pneumatiques, etc.
La **surface de portance** qui permet l'appui sur l'air pendant le vol est représentée par les ailes et les plumes. Les membres antérieurs se transforment en ailes sur lesquelles vont s'implanter les plumes du vol (les rémiges). Le reste du corps est quant à lui recouvert de plumes de couverture (les tectrices). On remarque la présence de plumes sur la queue constituant un système de gouvernail (les rectrices). Le duvet permet une protection thermique de l'animal.
Les adaptations au vol passent aussi par une augmentation de la **rigidité des structures osseuses.** Les os pneumatiques « creux » sont plus résistants que des os de même diamètre remplis de moelle osseuse. Une soudure de différents os permet également une augmentation de la robustesse de leur structure notamment pour l'atterrissage (existence d'un tibiotarse et d'un tarsométatarse). Le vol repose aussi sur une puissante musculature. Les pectoraux sont les muscles les plus développés car ils permettent le mouvement des ailes. Le bréchet, qui correspond à un diverticule du sternum, leur sert de surface d'insertion.

L'espérance de vie des oiseaux

Elle doit être prise en compte avant l'acquisition d'un oiseau. Les perroquets sont, en effet, avec les tortues et les grands serpents, les NAC ayant l'espérance de vie la plus importante.
Un propriétaire doit penser à l'avenir de son animal en même temps que du sien (prévoir le devenir de l'oiseau en cas de décès, testament, etc.).

Espérance de vie moyenne des principaux oiseaux de cage et de volière

Espèces	Durée de vie (ans)	Espèces	Durée de vie (ans)
Canari	8 – 12	Inséparables	6 – 10
Diamant mandarin	5	Gris du Gabon	40 – 60
Diamant de Gould	6 – 8	Amazone	30 – 70
Perruche ondulée	7 – 10	Mainate	15 – 20
Perruche calopsitte	6 – 15	Tourterelle turque	25

LE MAINTIEN EN CAPTIVITÉ DES OISEAUX

La cage et la volière

Il faut conseiller les cages en forme de **parallélépipède,** c'est-à-dire plus longues que hautes. Elles permettent aux oiseaux de voler et donc d'avoir une activité physique (limitant les risques d'obésité). Des cages en hauteur peuvent être conseillées pour les oiseaux grimpeurs et les mainates. Il faut proscrire les cages faites de matériaux potentiellement toxiques pour l'animal tels que le plomb et le zinc.

Les **barreaux** doivent être très résistants notamment pour les espèces puissantes (grands perroquets). Les barreaux verticaux sont à privilégier sauf pour les psittacidés (perruches et perroquets) qui profitent de barreaux horizontaux pour grimper à l'aide de leur bec et de leurs pattes.

La **taille** de la cage dépend de celle de l'oiseau et du nombre d'oiseaux détenus.

Pour les petits oiseaux tels que les canaris, on peut conseiller des cages 60 × 30 × 30 cm minimum.

Pour les oiseaux de taille intermédiaire comme les perruches, on peut conseiller des cages de 120 × 60 × 60 cm.

Pour les psittacidés, on choisit la cage la plus grande possible de façon à ce que l'oiseau puisse s'ébattre sans risque de se blesser les ailes contre les parois.

Il faut privilégier pour les cages une **position en hauteur** qui permet à l'oiseau d'observer son environnement et de limiter ainsi le stress. On peut également proposer pour le maintien en captivité de perroquets domestiqués des cages s'ouvrant sur leur partie supérieure pour donner accès à un perchoir. Les volières d'élevage pour ces derniers peuvent mesurer 5 mètres de long.

Dans le cas du maintien en captivité d'un grand nombre d'oiseaux, il faut choisir des **volières.** L'emplacement de la cage ou de la volière dans l'habitation voire à l'extérieur est très important.

Comme pour les petits mammifères, il faut proscrire le maintien en captivité d'oiseaux dans les cuisines, les pièces enfumées par les cigarettes ou surchauffées. L'allongement de la photopériode par un éclairage artificiel le soir dû au maintien en captivité d'oiseaux dans une pièce à vivre, est à déconseiller (les oiseaux de cage et de volière sont des espèces à activité diurne). Les courants d'air et la proximité d'appareils hi-fi vidéo sont à proscrire. La cage ne doit pas être exposée en permanence aux rayons du soleil. On peut cependant conseiller une exposition aux premiers rayons du matin ainsi que la présence d'une zone ombragée dans laquelle l'animal peut se retirer.

Dans le cas des volières extérieures, on privilégie une orientation Sud/ Sud-Est avec une fermeture de la façade nord. Une bâche coupe-vent est installée du côté de l'arrivée des vents dominants de façon à éviter les courants d'air. Il faut prendre garde aux risques de contact entre les oiseaux maintenus en captivité et les oiseaux et rongeurs sauvages (recourt à un double grillage, petit mur dans le bas de la volière, etc.).

L'équipement de la cage et de la volière

Il faut éviter un encombrement de la cage qui rend son entretien difficile et expose l'oiseau aux risques de blessure en vol. Le fond de la cage peut être recouvert d'un papier absorbant changé quotidiennement de façon à éviter l'accumulation de fientes. Dans le cas des volières, un sol bétonné éventuellement imperméabilisé est conseillé pour sa facilité d'entretien.

Des **perchoirs** sont disposés dans la cage ou la volière. On privilégie des perchoirs à section ovale et irrégulière et dont le diamètre est adapté à la taille de la patte de l'oiseau (5 à 15 mm pour les petits oiseaux, 25 à 30 mm pour les grands psittacidés). Les perchoirs sont positionnés à différents niveaux de la cage ou de la volière en évitant de les placer au-dessus des mangeoires et abreuvoirs pour en éviter toute souillure. On peut utiliser des branchages naturels à condition qu'ils ne soient pas toxiques.

Les jouets sont à choisir avec précautions (entretien difficile, risque de blessure, etc.). Il faut par exemple privilégier les **miroirs** en acier poli pour les perroquets (impossibilité de destruction et aucun risque d'ingestion de mercure contenu dans les miroirs traditionnels). On peut mettre à disposition de l'oiseau une **baignoire** laissée en place uniquement le temps du bain. Si l'oiseau ne peut s'exposer aux rayons directs du soleil (rôle dans la synthèse de vitamine D3 et donc dans la croissance), on peut conseiller la mise en place au-dessus de la cage d'un néon produisant des ultraviolets et reproduisant une lumière naturelle.

Dans le cas des volières extérieures, l'oiseau doit pouvoir s'isoler des rayons directs du soleil s'il le souhaite (toit de la volière en partie fermé, abri, etc.). L'accès à un local chauffé est également à conseiller pour les périodes plus froides.

L'entretien de la cage et de la volière

L'entretien des cages et des volières doit être très régulier. Les fientes des oiseaux sont rapidement malodorantes, notamment pour les espèces insectivores et frugivores telles que le mainate.

L'environnement de la cage doit être aussi entretenu : projection de graines, petites plumes volant à l'extérieur de la cage, etc. Un papier absorbant couvrant le fond de la cage doit être changé quotidiennement. Les gamelles et abreuvoirs sont changés tous les jours et entièrement lavés régulièrement.

Pour faciliter l'entretien d'une volière avec un jet d'eau, un sol en pente douce orienté vers une évacuation d'eau peut être conseillé.

Les oiseaux maintenus en extérieur doivent être régulièrement vermifugés en raison des contacts possibles avec les oiseaux sauvages (une à deux fois par an). Certains propriétaires souhaitent empêcher leurs oiseaux de voler. L'éjointage (acte chirurgical) ou la coupe des rémiges d'une ou deux ailes peuvent être demandés en clinique vétérinaire.

L'ALIMENTATION DES OISEAUX

Le régime alimentaire et choix des aliments

La très grande majorité des oiseaux de cage et de volières classiquement rencontrés en clientèle vétérinaire ont un régime alimentaire **granivore.** Ceci n'implique pas que leur ration alimentaire soit constituée exclusivement de graines car ils ont, en effet, besoin d'apports plus variés (fruits, légumes, etc.).

Le choix des graines dépend de la taille de l'oiseau et de leur richesse en graisse. Les canaris et petits exotiques doivent recevoir des graines de petit calibre comme le millet. Ils ne peuvent pas consommer des graines de grande taille ou à décortiquer.

Les **graines pauvres en graisse** sont principalement représentées par l'alpiste, le blé, les grumeaux d'avoine, le millet, le maïs et le sarrasin. Les **graines riches en graisses,** dites oléagineuses, sont principalement l'arachide, le tournesol, le lin, la navette, le niger, le sésame.

Le pourcentage moyen de graines riches en graisse dans le mélange proposé à l'oiseau doit être d'environ 12 % pour un canari contre 20 % à 30 % pour un perroquet. L'ASV peut conseiller au propriétaire de l'animal, lors de la prise de rendez-vous téléphonique, d'amener en clinique le paquet de graines utilisées pour nourrir l'oiseau. Le vétérinaire peut ainsi apprécier la qualité du mélange. Les graines oléagineuses sont généralement plus sombres d'aspect que les graines maigres. Des mélanges de graines adaptées à chaque espèce sont facilement trouvés en animalerie.

Outre les graines, les oiseaux doivent recevoir dans leur ration alimentaire des **fruits** et des **légumes.** Selon les espèces, on peut donner comme fruits : abricot, banane, cerise, framboise, fraise, fruit de la passion, mandarine, melon, mûre, pastèque, pêche, poire pelée, pomme pelée, raisin. Concernant les légumes, on peut distribuer : carotte, courgette, cresson, endive, épinard, mâche, pissenlit, salade. Les règles de distribution conseillées sont les mêmes que celles des mammifères. Ces aliments frais permettent un apport en vitamines et en minéraux.

Il faut savoir que les besoins alimentaires de l'oiseau peuvent varier en fonction de son **statut physiologique.** Par exemple, un jeune oiseau en croissance a un besoin plus élevé en lipides et glucides qui lui apportent de l'énergie ainsi qu'en protéines, minéraux et vitamines. Les besoins en protéines, vitamines et minéraux sont plus importants chez les adultes en période de reproduction. Des pâtées vendues en animaleries spécialisées peuvent répondre aux besoins physiologiques particuliers de certains oiseaux (exemple : pâtée d'élevage pour perroquet). Des minéraux peuvent être laissés à disposition des oiseaux dans leur cage (grit, coquille d'huître, os de seiches, os de poulet pour les grands psittacidés).

NB : les psittacidés ont un régime alimentaire plutôt omnivore et reçoivent dans leur alimentation des graines, des fruits, des légumes et des protéines animales sous forme de viande blanche cuite. Les régimes restrictifs (ex : ration alimentaire à base de cacahuètes) sont à l'origine de graves carences. Les cacahuètes ne doivent être distribuées qu'en guise de friandise.

NB : le mainate a un régime alimentaire frugivore et insectivore. Il peut être nourri avec des fruits exotiques, des insectes (vers de farine, grillons, sauterelles, etc.) et des pâtées et nectars pour oiseaux insectivores frugivores vendus en animaleries spécialisées.

La boisson

La consommation quotidienne moyenne en eau peut représenter 5 à 10 % du poids vif de l'oiseau voire jusqu'à 20 % chez certaines espèces comme le canari. Un perroquet gris du Gabon consomme donc environ 30 ml d'eau par jour. L'eau est distribuée à température ambiante et après avoir reposé plusieurs heures de façon à permettre l'évaporation du chlore.

Les modalités de distribution

Les graines et la verdure sont distribuées dans des **mangeoires.** Les aliments frais peuvent être préalablement coupés en morceaux ou râpés. Les aliments non consommés sont retirés quotidiennement.
Il faut privilégier les mangeoires en inox ou en terre cuite facilement lavables. On les place en hauteur dans la cage.
Dans le cas des volières extérieures, il faut prendre garde de placer les mangeoires dans une partie couverte de la volière de façon à ce que les oiseaux extérieurs ou la pluie ne puissent pas les souiller. On peut conseiller l'utilisation, pour les grandes cages ou les volières, de mangeoires positionnées sur des plateaux tournants permettant au propriétaire de les changer sans avoir à pénétrer dans l'enceinte de la volière. Une autre modalité dans la distribution de graines, également envisageable en captivité, est la distribution sous forme de « branche » : des branches de millet par exemple peuvent être accrochées aux barreaux de la cage. L'apport nutritionnel est identique à celui des graines placées dans les mangeoires mais l'oiseau prend plus de temps pour les consommer (intérêt pour le comportement alimentaire et l'occupation de l'animal).
L'eau est distribuée dans des **abreuvoirs** spécialement conçus pour les oiseaux ou, dans le cas des psittacidés, dans des gamelles en inox ou en terre cuite régulièrement lavées et désinfectées. Elle est changée quotidiennement et distribuée à température ambiante.

LA REPRODUCTION DES OISEAUX

Le sexage

Le sexe chez certaines espèces d'oiseaux peut être facilement déterminé grâce à l'existence d'un **dimorphisme sexuel,** c'est-à-dire de caractéristiques morphologiques permettant de distinguer le mâle de la femelle (se reporter au tableau du mémo).
Chez le cou coupé par exemple, seul le mâle arbore un collier rouge. Les cires sont de couleur bleue chez les perruches ondulées mâles. Dans le cas

de la veuve de Fischer, le mâle arbore un dimorphisme sexuel seulement en période de reproduction (longues rectrices).
Pour certaines espèces, aucun dimorphisme sexuel n'est notable, mais les deux sexes peuvent se distinguer par leur **comportement** (notamment le chant). Dans le cas du canari et du moineau du Japon par exemple, seuls les mâles chantent.
Pour de nombreuses autres espèces enfin (ara, amazone), il n'existe aucun dimorphisme sexuel ni comportement différent entre le mâle et la femelle. Plusieurs laboratoires vétérinaires disposent actuellement des techniques de **sexage par ADN** (sur un prélèvement sanguin ou de plume) que l'on peut proposer aux clients désireux de connaître le sexe de leurs oiseaux.

Les particularités physiologiques de la reproduction des oiseaux

Le mode reproducteur des oiseaux est **l'oviparité** (c'est-à-dire la ponte d'œufs). Les différentes étapes de la reproduction sont donc : parade nuptiale, accouplement (lors de l'accouplement, une éversion et un accolement des cloaques du mâle et de la femelle s'opèrent), ovulation, fécondation, formation de l'œuf dans l'oviducte, ponte, couvaison ou incubation, éclosion. Il faut noter que les œufs pondus ne sont pas tous fécondés et ne donnent donc pas tous naissance à un oisillon.
Les œufs fécondés peuvent être repérés par mirage (à partir du dixième jour par exemple chez un amazone). En effet, les œufs fécondés présentent un aspect opaque quand ils sont placés devant une lampe électrique (et transparent s'ils ne sont pas fécondés).
Contrairement aux bébés reptiles, les oisillons nouveau-nés ne sont pas des adultes miniatures autonomes, et sont dépendants des parents. Ils se présentent avec un duvet et les yeux peuvent s'ouvrir ultérieurement (par exemple au bout de 15 jours à 3 semaines chez un perroquet). Plusieurs pontes peuvent avoir lieu à quelques jours d'intervalle. Les durées d'incubation varient de 10 à 15 jours pour des petites espèces à 3 à 4 semaines pour les psittacidés. L'âge à la sortie du nid est variable. Il est d'une quinzaine de jours pour les tourterelles, 3 semaines pour les diamants, 1 mois pour les canaris, perruches calopsittes et ondulées, et 2 à 3 mois pour les perroquets.
Certaines espèces peuvent se reproduire tout au long de l'année (perruches). D'autres se reproduisent au printemps et à l'été (canaris, perroquets). La reproduction de ces dernières espèces est favorisée par un allongement de la photopériode (12 à 14 heures de lumière par jour).
La présence d'un **nid** est aussi indispensable à la reproduction. La taille et le nombre de nids dépendent de la taille et du nombre d'oiseaux détenus. Un nid cubique de 20 cm de côté est conseillé pour les perruches ondulées. Un nid de 35 × 35 × 60 cm est préféré pour le perroquet gris du Gabon et les amazones. Les nids en bois non traité sont à conseiller pour les perroquets. On préfère les nids en plastique pour les petits oiseaux (les nids en osier étant plus difficiles à nettoyer).

LES PRINCIPALES MALADIES DES OISEAUX

Un minimum de connaissances concernant les maladies des NAC est nécessaire pour l'ASV de façon à ce qu'il ne puisse, en aucun cas, sous-estimer la gravité éventuelle d'affections n'ayant pas les mêmes symptômes ni les mêmes conséquences pour les NAC que pour les chiens ou les chats. Ces connaissances l'aideront à prendre les bonnes initiatives vis-à-vis de la clientèle (repérer l'urgence, donner les bons conseils...).

L'oiseau en boule

Cette position est révélatrice d'un état de prostration. L'oiseau, incapable de voler, se tient en général dans le fond de sa cage et ébouriffe ses plumes pour limiter la perte de chaleur. Il passe rapidement en hypothermie. Ce syndrome n'est pas caractéristique d'une maladie en particulier, mais apparaît dès que l'état général de l'animal est altéré. Il constitue une urgence médicale. L'ASV doit conseiller au propriétaire de placer son oiseau au chaud en attendant la consultation.

Les affections respiratoires

Elles se traduisent chez les oiseaux par une respiration **bec ouvert** et des **bruits respiratoires.** L'oiseau est très sensible aux courants d'air, poussières et vapeurs. Étant donné les ramifications des sinus dans la boîte crânienne et la ramification des sacs aériens dans la cavité corporelle, toute infection respiratoire est potentiellement grave et peut rapidement revêtir une forme chronique. Une consultation urgente s'impose en association avec une correction des paramètres d'ambiance erronés.
Toute affection respiratoire doit être considérée comme potentiellement contagieuse d'un oiseau à l'autre, et les oiseaux présentant les symptômes respiratoires évoqués ci-dessus doivent impérativement être isolés de leurs congénères. Soulignons le cas de l'aspergillose, infection mycosique potentiellement mortelle pour les oiseaux. Elle est due au développement de champignons dans les voies respiratoires de l'animal et favorisée par une humidité excessive dans l'environnement souvent associée à un stress. Cette affection respiratoire est également une zoonose.

Les affections digestives

On rencontre principalement des cas de **coccidioses,** se traduisant par des diarrhées et des ingluvites, infections du jabot favorisées par une irritation de ses parois suite à l'ingestion de corps étrangers ou de diverses substances.

Les fractures

On rencontre surtout chez les oiseaux des fractures des ailes ou du bec. Elles font généralement suite à une fugue de l'oiseau, une contention trop brutale ou une blessure occasionnée par un chien ou un chat. Les fractures des ailes se traduisent par un port de l'aile anormal (aile « tombante »). Le pronostic dépend de la gravité de la fracture (fracture ouverte ou non) et de la possibilité de réduction (chirurgie osseuse quasi impossible sur des oiseaux de très petit gabarit).

Les affections dermatologiques

Les trois principales atteintes dermatologiques rencontrées en médecine vétérinaire chez les oiseaux sont :

- la **gale du bec** (croûtes à sa base et pousse anormale du bec) ;
- les **kystes folliculaires** (impossibilité pour la plume de sortir de son follicule et enroulement de celle-ci sous la peau) ;
- les **colorations ou altérations du plumage** qui peuvent se rencontrer lors de traumatisme, de carences alimentaires, de parasitisme, de stress, ou de maladie virale (maladie du bec et des plumes des psittacidés, PBFD, *psittacine beak and feather dystrophy*).

Le picage

Le picage est le phénomène par lequel l'oiseau s'arrache ou se mâchonne les plumes (ou celles d'un congénère).
Il existe trois causes principales au picage devant toutes être recherchées : **les carences alimentaires, le stress et les ectoparasites.**

Le mal de ponte ou rétention d'œufs

C'est le terme donné à la **dystocie** chez les oiseaux, c'est-à-dire à l'incapacité pour la femelle d'expulser son œuf. Les oiseaux atteints présentent de l'abattement et des mouvements anormaux de la queue. Un traitement médical ou chirurgical doit être entrepris dans les plus brefs délais.

L'obésité

Assez fréquente en captivité, elle est due à un régime alimentaire trop riche en graisse (excès de graines de tournesol et de cacahuètes) associé à un manque d'exercice physique. L'embonpoint de l'oiseau peut être lourd de conséquences (risque de pancréatite). Une correction de l'environnement et de l'alimentation de l'oiseau doit être rapidement entreprise.

Les infections bactériennes et virales

Les principales infections bactériennes rencontrées chez les oiseaux sont la **salmonellose** et la **chlamydiose.** Cette dernière anciennement appelée ornithose ou psittacose est une maladie touchant principalement les psittacidés et les pigeons. Elle constitue une zoonose potentiellement grave. Elle se traduit chez l'oiseau par de l'anorexie, de l'amaigrissement, une atteinte respiratoire et des diarrhées. On rencontre aussi des infections virales comme la **variole, la maladie de Newcastle et la PBFD.**

Les intoxications

Les principales intoxications rencontrées chez les oiseaux de cage et de volière sont des intoxications médicamenteuses secondaires à un surdosage et le **saturnisme** dû à une ingestion de plomb (ancienne peinture, etc.). Cette dernière concerne surtout les perroquets.

FICHES PRATIQUES DES PRINCIPALES ESPÈCES RENCONTRÉES

(Se reporter aux tableaux du *Mémo*)

3

LES REPTILES

La possession de reptiles en tant qu'animaux de compagnie existe depuis plusieurs décennies. En effet, dans la période après-guerre, il était possible d'acheter chez son poissonnier des tortues de terre méditerranéennes.

Dans les années 1970, un phénomène de mode concernant les reptiles et ayant débuté aux États-Unis a touché le secteur de l'animalerie à travers le monde : les tortues de Floride à tempes rouges (Trachemys scripta elegans). *Depuis, le nombre de reptiles détenus a sans cesse augmenté et les espèces concernées se sont de plus en plus diversifiées.*

Il est actuellement possible d'acquérir des animaux d'origines très variées tels que les iguanes, les boas, et autres caméléons. Les éleveurs de reptiles ont fait de gros progrès et il est aujourd'hui commun d'élever et de faire reproduire en captivité de très nombreuses espèces. L'intérêt est de pouvoir vendre des animaux nés en captivité et donc de diminuer le prélèvement en milieu naturel.

Un reptile né en captivité a beaucoup moins tendance à l'agressivité. Il est donc plus manipulable (bien que de nombreuses espèces restent naturellement agressives), moins sujet au stress et aux maladies (parasitaires). En outre, les éleveurs sont actuellement capables pour de nombreuses espèces, de sélectionner des colorations particulières. La personne souhaitant acheter un reptile peut donc choisir entre plusieurs variétés pour une même espèce (variétés appelées phases ou mutations).

Le gabarit des reptiles peut aller de quelques grammes pour certaines espèces de caméléons à plus de cent kilos pour certaines espèces de tortues ou de grands serpents. Les reptiles diffèrent beaucoup des mammifères par des particularités physiologiques et anatomiques dont vont découler de nombreuses règles pour leur maintien en captivité. Une connaissance indispensable de leur spécificité et des conditions de maintien est un préalable nécessaire à la possession d'un reptile. Soulignons par ailleurs que beaucoup d'espèces ont un statut protégé par la loi et que les reptiles peuvent être à l'origine de zoonoses (se reporter aux chapitres législation et zoonoses).

LA CLASSIFICATION DES REPTILES

La classe des reptiles comprend quatre ordres répartis en environ 7 000 espèces. L'ordre des squamates regroupe l'ensemble des reptiles qui font l'objet du phénomène de mue (c'est-à-dire serpents et lézards). Trois grands groupes de reptiles sont représentés en terrariophilie : les tortues (220 espèces environ à l'état sauvage), les lézards (environ 3 000 espèces à l'état sauvage) et les serpents (environ 2 700 espèces à l'état sauvage).

La classification des reptiles

Embranchement	Classe	Ordre	Sous-ordre
Vertébrés	Reptiles	Rhynocéphales (sphénodon)	
		Crocodiliens (crocodile, alligator, caïman)	
		Chéloniens (tortues)	Cryptodires
			Pleurodires
		Squamates	Ophidiens (serpents)
			Sauriens (lézards)

LES PARTICULARITÉS ANATOMIQUES ET PHYSIOLOGIQUES DES REPTILES

Les particularités anatomiques des tortues

(*Cf.* Figure 2 page suivante)

La caractéristique des tortues est la présence d'une **carapace** qui constitue une protection physique et mécanique pour l'animal. La partie ventrale est nommée **plastron** et la partie dorsale, la **dossière.** La colonne vertébrale et les ceintures pectorale et pelvienne sont soudées à cette carapace. Seuls le cou, la tête et les membres sont mobiles. La carapace est constituée de deux couches de tissus différentes : le derme, vascularisé, qui est la partie « vivante » de la carapace, et l'épiderme, qui est constitué d'écailles kératinisées. Certaines espèces n'ont pas d'écailles kératinisées (il s'agit des tortues à carapace molle chez lesquelles une peau recouvre le derme, par exemple les *Trionyx*).
La carapace est une structure immobile sauf pour certaines espèces comme pour les tortues *Kinixys* qui ont une dossière articulée permettant à l'animal de rentrer les membres postérieurs dans la carapace et d'abaisser la dossière pour les protéger, ou comme les *Terrapene* (tortues boîtes) qui

Morphologie d'une tortue (Figure 2)

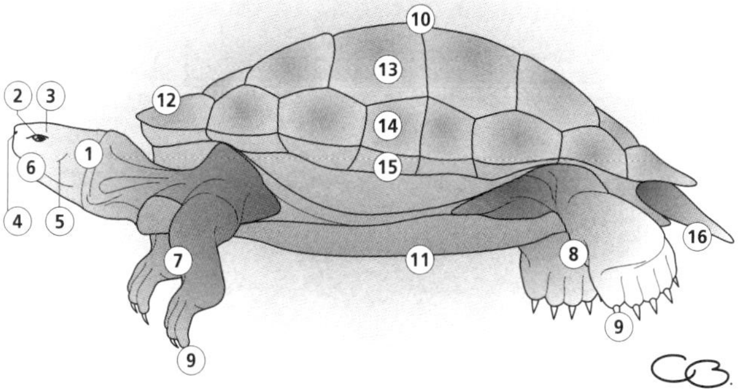

1. Tête
2. Œil
3. Paupière
4. Narine
5. Membrane tympanique
6. Bec corné
7. Membres antérieurs
8. Membres postérieurs
9. Griffes
10. Dossière (partie supérieure de la carapace)
11. Plastron (partie inférieure de la carapace)
12. Écaille nucale
13. Écailles vertébrales
14. Écailles costales
15. Écailles marginales
16. Queue

ont un plastron articulé permettant à la tortue de « refermer » la carapace après avoir rentré la tête et les membres, en plaquant les bords du plastron contre ceux de la dossière.
Les tortues ne possèdent pas de dents mais un **bec corné** leur permettant de trancher les aliments.
Comme tous les reptiles, excepté les crocodiliens, la tortue, n'a **pas de diaphragme.** Il n'existe donc qu'une seule cavité corporelle appelée **cavité cœlomique** où « se mélangent » les organes « thoraciques » et « abdominaux » classiquement rencontrés chez les mammifères. Les poumons des tortues occupent toute la partie dorsale de la cavité corporelle (sous la coupole formée par la dossière). L'absence de diaphragme et la soudure des côtes à la carapace rendent impossible les mouvements d'inspiration et d'expiration par dilatation ou compression d'une cage thoracique comme c'est le cas chez les autres espèces animales. La respiration par dilatation puis compression des poumons se réalise grâce aux mouvements des quatre membres.
Les tortues, comme tous les autres reptiles, n'ont pas d'orifices génital, anal et urinaire séparés. Les différents conduits des appareils digestif et urogénital s'abouchent en effet dans un méat commun appelé **cloaque.**

Les particularités anatomiques des lézards

Morphologie d'un iguane (Figure 3)

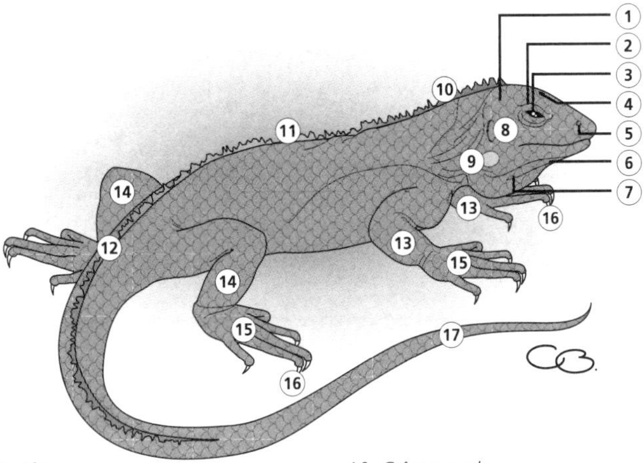

1. Tête
2. Paupière
3. Œil
4. Œil pinéal
5. Narines
6. Mâchoire
7. Fanon gulaire
8. Membrane tympanique
9. Écaille subtympanique
10. Crête nucale
11. Crête dorsale
12. Crête caudale
13. Membres antérieurs
14. Membres postérieurs
15. Doigts (5 par membre)
16. Griffes
17. Queue

Les lézards ont un corps longiligne muni d'une queue. Les membres sont tenus écartés par rapport au corps. Les **rotules ainsi que le sternum sont absents.**

Le tégument est caractérisé par la présence d'**écailles** qui subissent régulièrement une mue.

L'absence de diaphragme et de sternum est compensée par des côtes plus étendues et un nombre plus important de côtes sur la quasi totalité de la cavité corporelle. Les mouvements respiratoires reposent donc chez les lézards sur l'action des muscles intercostaux (il est par conséquent impératif de ne pas comprimer le corps de l'animal lors de sa contention ce qui bloquerait ses mouvements respiratoires).

Le cœur des lézards, comme celui des autres reptiles (exceptés les crocodiliens), est composé de trois cavités (deux oreillettes et un ventricule).

Les particularités anatomiques des serpents

La caractéristique des serpents est bien évidemment **l'apodie** (absence de membres).

Ce sont donc des animaux longilignes dotés d'une colonne vertébrale très longue (près de 400 vertèbres chez un grand python) associée à une musculature très développée leur permettant de se déplacer (reptation), de s'accrocher à un support (exemple : les serpents arboricoles) et d'enserrer leurs proies pour les étouffer (phénomène de constriction).
Leur corps est entièrement couvert d'écailles qui font l'objet de mues régulières.
Les serpents n'ont pas de paupière. La protection de la cornée est assurée par une écaille transparente recouvrant l'œil (la **lunette pré-cornéenne**). Cette écaille, comme toutes les autres, doit partir à la mue pour être remplacée par une nouvelle. Les serpents n'ont pas d'oreille externe.
Une simplification importante des organes internes est liée à leur aspect longiligne. Un seul poumon est présent (excepté chez les boïdés). L'orifice trachéal est en position très antérieure dans la gueule (en arrière de la langue, vers le milieu de la mâchoire inférieure). Cette particularité est aussi présente chez les tortues et les lézards, mais c'est chez le serpent qu'elle est la plus évidente. Il n'y a donc pas de croisement entre les voies respiratoires et digestives au niveau de la gorge d'un reptile, ce qui rend aisée la réalisation d'un sondage orogastrique. Les serpents ne possèdent pas de vessie. Les espèces classiquement rencontrées en consultation vétérinaire sont non venimeuses. Elles sont donc dépourvues de crochets venimeux permettant l'inoculation d'un venin (elles sont dites **aglyphes**).

La thermorégulation chez les reptiles

Les reptiles sont souvent désignés à tort comme des animaux à sang froid. Ils sont en fait incapables de réguler leur température interne et sont donc à température « ambiante ». Les reptiles sont des animaux **hétérothermes** (c'est-à-dire à température interne variable) et **ectothermes** (c'est-à-dire dont la température interne dépend de celle de l'environnement). On parle aussi d'animaux **poïkilothermes.** Le reptile est quasiment incapable de produire ou d'éliminer de la chaleur par des mécanismes physiologiques comme c'est le cas chez les mammifères (sudation, modification de la circulation sanguine en vue de la diminution ou de l'augmentation des échanges thermiques, etc.).
La thermorégulation repose quasi uniquement sur des mécanismes comportementaux. Les reptiles se déplacent vers une source de chaleur lorsqu'ils ont besoin d'augmenter leur température corporelle ou s'en éloignent quand ils ont besoin de la diminuer.
À chaque reptile est attribuée une gamme de températures correspondant à celle présente dans son habitat naturel et dans laquelle son métabolisme fonctionne de manière optimale.
On parle de **PBT** (prefered body temperature), de **TMP** (température moyenne préférée) ou de **ZTO** (zone de température optimale).
Toutes les fonctions biologiques d'un reptile placé dans la gamme de températures lui correspondant se déroulent pour le mieux : croissance,

digestion, système immunitaire, etc. Toutes ces fonctions vitales se voient amoindries et déficientes si le reptile est placé en dehors de sa PBT. À chaque reptile correspondent également des températures critiques : la **TMC** (température maximale critique) est la température au delà de laquelle l'animal meurt, la **TmC** (température minimale critique) est la température en dessous de laquelle l'animal décède.
La particularité de la thermorégulation des reptiles est la base même de leur maintien en captivité. Un reptile a besoin d'un équipement lui fournissant la chaleur dont il a besoin. Une gestion attentive de la température en captivité est indispensable à son bien-être. Dans la mesure où le fonctionnement du système immunitaire est étroitement lié à la température, il est fréquent de rencontrer en consultation des reptiles malades (stomatites, pneumonies, etc.) en raison d'erreurs dans le choix de la température de leur milieu de vie et du développement de germes opportunistes.

LA CROISSANCE ET LA DURÉE DE VIE DES REPTILES

Comme nous l'avons vu précédemment, la température influence tout le métabolisme de l'animal. Un reptile placé dans des conditions de températures inadaptées va voir sa croissance perturbée. Un autre élément essentiel de la croissance des reptiles est l'absence de cartilage de croissance qui rend cette dernière quasi indéfinie. Un reptile va par conséquent grandir toute sa vie. Il atteindra cependant une taille quasi maximale au-delà de laquelle la croissance est très ralentie et difficile à apprécier.
Une des conséquences des deux éléments précédents est de ne pas pouvoir juger de l'âge de l'animal en fonction de sa taille. Un reptile de grande taille est forcément un reptile âgé ayant grandi régulièrement. Un reptile de petite taille est soit un animal jeune, soit un animal plus âgé mais ayant été mis dans des conditions défavorables pour sa croissance.
L'espérance de vie des reptiles est à prendre en compte avant l'acquisition d'un animal. Ce sont parmi eux que l'on rencontre les NAC ayant l'espérance de vie la plus importante.
Certaines espèces de tortues peuvent, en effet, devenir centenaires.
Les grands serpents (boas et pythons) peuvent atteindre 30/40 ans. Tout comme pour les perroquets, le propriétaire doit penser à l'avenir de son animal si ce dernier lui survit.

Espérance de vie moyenne de quelques reptiles

Espèces	Durée de vie (ans)	Espèces	Durée de vie (ans)
Tortue grecque	Record 120	Gecko léopard	Record 20
Tortue de Hermann	60 – 80	Agame barbu	5 – 10
Tortue boîte Caroline	Record 120	Caméléon	2 – 4
Tortue de Floride	15 – 30	Boa constricteur	20 – 40
Iguane vert	10 – 15	Serpents de blés	12 – 20

LES ORGANES DES SENS CHEZ LES REPTILES

L'audition

Les serpents ainsi que certaines espèces de lézards (caméléon) sont dépourvus d'oreilles externes. On trouve seulement chez ces espèces des reliquats d'oreille moyenne et interne, leur audition est donc peu développée. Les serpents, se déplaçant en contact étroit avec leur substrat, ressentent les vibrations de l'environnement qui sont répercutées de vertèbres en vertèbres jusqu'à la boîte crânienne. Ces espèces sont donc très sensibles aux vibrations sonores (chaîne hi-fi ou téléviseur dans la pièce du terrarium).
Les autres lézards ainsi que les tortues ont des oreilles : une **membrane tympanique** est visible chez certaines espèces en arrière des yeux. L'audition n'est cependant pas chez eux le sens le plus développé.

La vision

Les reptiles sont capables de voir. La vision peut être limitée chez certaines espèces (les serpents) ou extrêmement sophistiquée chez d'autres (notamment dans le cas des caméléons qui présentent une mobilité indépendante de chaque œil leur permettant d'observer tout l'environnement les entourant).
On remarque une particularité de la vision de trois groupes de serpents (les crotales, les boas et les pythons). Ces derniers, en plus d'une vision classique, sont dotés d'un système de **vision infrarouge.** Des capteurs de chaleur sont positionnés au-dessus de leurs lèvres supérieures et leur permettent d'avoir une image thermique d'une proie dont la température diffère de celle de l'environnement.
Une structure arrondie et noire est observable au milieu du crâne de l'iguane. C'est un troisième œil (appelé **œil pinéal**) qui n'a pas pour rôle de créer une image visuelle. Son but est de capter des différences de luminosité (en relation avec les variations climatiques dues aux saisons) qui influencent le système hormonal.

L'olfaction

Les reptiles sont dotés d'un système d'olfaction analogue à celui des mammifères, c'est-à-dire constitué d'un épithélium olfactif dans les cavités nasales. Mais, ils ont en plus un sens proche de l'olfaction grâce à l'**organe voméronasal** ou **organe de Jacobson.** Celui-ci est situé dans la cavité buccale au niveau du palais. Il permet d'analyser des particules odorantes ramenées dans la bouche par des mouvements de la langue. Il est relié au cerveau et permet donc une « olfaction » par la bouche. Ce système est très performant et représente le sens le plus développé pour la chasse chez les serpents.

Le toucher

Le sens du toucher est beaucoup moins développé chez les reptiles que chez les mammifères. Leur sensibilité cutanée est moindre

La mue

Elle concerne l'ordre des **squamates** (serpents et lézards) et correspond à un renouvellement périodique de la couche superficielle de l'épiderme. Les lézards et serpents ne présentent pas une mue identique. Elle se fait en lambeaux chez les lézards, et en un seul morceau chez les serpents (sauf chez les grands serpents chez lesquels l'ancienne peau peut se fractionner en plusieurs morceaux lorsqu'elle se détache). La fréquence des mues diminue avec l'âge de l'animal. Une perturbation de la mue peut révéler une atteinte de l'état général de l'animal ou des paramètres environnementaux défectueux (température et hygrométrie notamment).
NB : la surface des écailles des tortues aquatiques peut faire l'objet d'un renouvellement ponctuel et il n'est pas rare de retrouver dans l'eau de l'aquarium des morceaux d'écailles translucides.

LE MAINTIEN EN CAPTIVITÉ DES REPTILES

Une connaissance des règles de base de la terrariophilie est indispensable à l'accueil des reptiles en clinique vétérinaire et à leur consultation. Le reptile est étroitement lié à son environnement (bien plus encore que les autres NAC). Les maladies classiquement rencontrées en consultation vétérinaire sont pour beaucoup secondaires à des erreurs dans le maintien en captivité.

La conception du terrarium

Le **type de terrarium** est fonction du **mode de vie** de l'animal : terrarium terrestre pour les reptiles terrestres, aquaterrarium pour les tortues semi-aquatiques, etc. Un reptile semi-arboricole comme l'iguane ou l'agame aquatique doit être placé dans un terrarium en hauteur. Les tortues terrestres doivent être maintenues dans un terrarium en longueur.
Il faut privilégier les terrariums conçus en **verre** collé plus facile à nettoyer. Les terrariums de conception artisanale avec une partie en bois sont à proscrire. En effet, le bois peut s'altérer rapidement avec la chaleur, l'humidité et les déjections des animaux. Cette matière peut aussi s'avérer dangereuse pour le reptile (vernis, etc.). L'utilisation de bois est également contre-indiquée en raison de l'utilisation de systèmes électriques et de chauffage.
La **taille du terrarium** doit être fonction de celle de l'animal et du nombre d'animaux détenus. Un terrarium trop petit ou trop grand est à l'origine d'un stress pour l'animal et donc d'un affaiblissement de ses défenses immunitaires pouvant être à l'origine de l'apparition de diverses maladies.

Dans le cas de terrarium de trop petite taille, l'animal peut aussi se blesser contre la paroi en verre notamment lors de mouvements trop rapides.
Certaines espèces ne peuvent être maintenues en terrarium en raison de leur taille imposante (la tortues sillonnées, *Geochelone sulcata* dont le poids adulte avoisine les cent kilos, par exemple). Ces espèces peuvent être maintenues en enclos intérieur ou extérieur selon la saison, en serre ou dans des pièces acclimatées.

Taille recommandée pour le terrarium d'un reptile adulte

Espèces	Terrarium (cm)
Agame aquatique	180 × 60 × 90
Agame barbu d'Australie	120 × 60 × 60
Gecko léopard	100 × 60 × 40
Iguane vert	200 × 100 × 200
Serpent des blés	60 × 30 × 40
Python royal	120 × 60 × 60
Boa constricteur	200 × 60 × 80

L'emplacement du terrarium doit être choisi de façon à ce que l'animal ne soit pas stressé par l'environnement : loin d'une source de **vibrations** (appareils hi-fi et vidéo), dans une pièce calme avec peu de passages.
Le terrarium ne doit pas être situé dans une pièce éclairée artificiellement en soirée comme une salle à manger car l'allongement de la **photopériode** peut être néfaste à l'animal. Il faut proscrire toute exposition directe aux **rayons du soleil** qui peuvent entraîner un effet de serre augmentant dangereusement la température au sein du terrarium.
Il est également indispensable d'éviter toute exposition aux **courants d'air** ainsi qu'aux vapeurs de cuisine, aérosols, fumées de cigarette, etc.
Le fond du terrarium est recouvert d'un **substrat** adapté au mode de vie de l'animal : substrat spécialement conçu pour terrarium (biorept®, reptibark®), sable artificiel, tapis synthétique imitant le gazon, etc. Les argiles, gravillons, litières à chats, sables, petits copeaux ne doivent pas être utilisés comme substrat pour les reptiles car ils peuvent être ingérés ou être à l'origine d'abrasions et de lésions cutanées.
Le **décor** installé dans le terrarium doit, lui aussi, être adapté au mode de vie de l'animal : les reptiles arboricoles doivent avoir à disposition des branchages sur lesquels ils peuvent grimper. Tous les éléments du décor doivent être non traumatisants pour l'animal, abondamment lavés et rincés puis séchés avant leur installation, solidement fixés dans le terrarium pour éviter tout accident et enfin suffisamment résistants pour supporter le poids de l'animal.
La présence d'une **cachette** dans laquelle l'animal peut se retirer et s'isoler de son environnement est indispensable.
Les plantes sont à proscrire car elles risquent d'être consommées par certains animaux et provoquer des intoxications ou des intolérances

alimentaires. La terre contenue dans le pot peut aussi être source d'humidité, de moisissures, de champignons ou d'acariens.

Un **bac à eau** est installé dans le terrarium et permet la prise de boisson mais aussi les bains selon l'espèce. Les animaux vivant en zone tropicale humide et se baignant à l'état naturel doivent disposer d'un bac suffisamment grand pour se baigner entièrement sans risque de noyade. Le bac doit être stable de façon à ce que l'eau ne déborde pas sur le substrat. Un substrat humide au contact de l'animal est à l'origine d'infections cutanées. Il est de plus dangereux de mouiller des installations électriques.

L'entretien du terrarium est effectué régulièrement : changement quotidien du bac à eau, nettoyage des déjections des reptiles, retrait des aliments non-consommés, nettoyage complet du terrarium et des accessoires tous les deux mois, nettoyage des filtres des pompes des aquaterrariums, etc.

Les paramètres d'ambiance du terrarium

Le propriétaire d'un reptile doit gérer cinq paramètres environnementaux pour le maintien en captivité de son animal : la température, l'aération, l'éclairage, les ultraviolets et l'hygrométrie.

La température

C'est sans doute le facteur déterminant dans le maintien en captivité des reptiles. Comme nous l'avons vu précédemment, la thermorégulation chez ces espèces repose uniquement sur des mécanismes comportementaux.

Le reptile se dirige vers une source de chaleur quand il a besoin d'augmenter sa température interne ou s'en éloigne quand la température devient trop importante pour lui. À chaque espèce correspond une gamme de températures qui lui est optimale (PBT, TMP, ZTO), une source de chaleur est donc indispensable.

Le système de chauffage à privilégier est une **lampe** (à incandescence, infrarouge ou en céramique). Elle est placée dans le haut du terrarium sur un côté pour créer une **zone chaude.** La partie du terrarium la plus éloignée de la lampe, à une température inférieure, constitue la **zone fraîche.** Les reptiles semi-arboricoles, capables de grimper sur les branches, peuvent se rapprocher de la source de chaleur et donc augmenter leur température interne. La partie du terrarium la plus proche de la source de chaleur est appelée le **point chaud.** Il est indispensable que le reptile ne puisse pas avoir accès à la lampe pour éviter tout risque de brûlure. Un **gradient thermique** est ainsi créé dans le terrarium et les différentes températures (dans la zone fraîche, dans la zone chaude et au point chaud) doivent correspondre à la PBT de l'espèce concernée. La puissance des lampes est donc choisie en fonction de la taille du terrarium et du besoin en chaleur de l'animal.

Les autres systèmes de chauffage utilisables sont les **câbles chauffants ou tapis chauffants.** Ils sont installés sous le terrarium de manière à aména-

ger une zone chaude et une zone fraîche (le tapis est par exemple placé sous deux tiers de la surface du terrarium).
Un **thermomètre** que l'on peut déplacer dans les différentes zones du terrarium permet de vérifier les normes thermiques. De façon à respecter le **cycle jour/nuit (ou cycle nycthéméral),** le système de chauffage doit être coupé la nuit pour permettre une baisse nocturne des températures.

L'aération

Un bon **renouvellement d'air** est indispensable dans le terrarium. L'aération est permise par une entrée d'air située dans le bas du terrarium et une sortie d'air située dans le haut. Les grilles d'aération ne doivent jamais être obstruées. Une absence d'aération est à l'origine d'une augmentation rapide du taux d'humidité dans le terrarium et d'infections respiratoires ou cutanées.

L'éclairage

Une source de lumière dans le terrarium est nécessaire au bon maintien du reptile. Le rythme d'éclairage en captivité doit correspondre au **cycle nycthéméral** de l'animal en milieu sauvage pouvant varier selon la saison. Le cycle d'éclairage peut être par exemple de 12 heures de jour et 12 heures de nuit en période hivernale contre 14 heures de jour et 10 heures de nuit en période estivale pour une espèce tropicale. Un **néon** placé dans le terrarium permet l'éclairage du reptile. Il doit être placé hors de portée de l'animal pour éviter tout accident. À l'état naturel le soleil étant à la fois la source de chaleur et de lumière, les systèmes de chauffage et d'éclairage doivent être synchronisés en captivité. Pour cela, le recours à des **minuteries** est conseillé.

Les ultraviolets

Les reptiles végétariens et insectivores ne trouvent pas dans leur alimentation suffisamment de vitamine D, qui joue un rôle essentiel dans le métabolisme du calcium.
Les ultraviolets permettent au niveau cutané la transformation de provitamine D en vitamine D utilisable par le reptile. Une source d'ultraviolets est donc indispensable pour ces espèces. Les ultraviolets ne pouvant pas traverser le verre, la source d'U.V. doit se trouver à l'intérieur du terrarium. Certains néons utilisés pour l'éclairage des reptiles peuvent produire des ultraviolets, et doivent être privilégiés pour l'éclairage en captivité d'espèces végétariennes et insectivores. Ces néons doivent être changés régulièrement (tous les dix mois).

L'hygrométrie

L'hygrométrie correspond au **taux d'humidité** dans l'air. Il faut reproduire en captivité un taux d'hygrométrie artificiel comparable à celui qui est présent dans le milieu naturel de l'espèce détenue. Les espèces semi-désertiques comme l'agame barbu d'Australie ont besoin d'une hygro-

métrie basse (30 à 40 %). Les espèces d'origine tropicale, comme l'iguane, ont quant à elles, besoin d'une hygrométrie élevée (80 à 90 %). Dans le terrarium, l'humidité est obtenue par la présence d'un **bac à eau** dont la taille est conséquente pour les reptiles tropicaux. L'humidité peut être aussi obtenue grâce à des **brumisations** à l'aide d'un spray (pour pulvériser de l'eau sur les plantes par exemple). De l'eau tiède est pulvérisée sur le décor et le reptile de façon quotidienne dans le cas de l'iguane. L'augmentation du taux d'humidité peut également être obtenue en réchauffant l'eau du bac à eau, en plaçant celui-ci du côté de la zone chaude ou en glissant dessous (et sous le terrarium) un tapis chauffant ce qui augmente l'évaporation.
Des taux d'hygrométrie inadaptés sont fréquemment à l'origine de diverses maladies notamment dermatologiques : une hygrométrie insuffisante peut entraîner des troubles de la mue, une hygrométrie excessive peut entraîner une infection cutanée.

L'ALIMENTATION DES REPTILES

Les régimes alimentaires des reptiles varient d'une espèce à l'autre. Une bonne gestion de l'alimentation est un des éléments essentiels pour un bon maintien en captivité de l'animal.

L'alimentation des tortues

Le régime alimentaire des tortues varie généralement selon leur mode de vie.

Les tortues terrestres

Elles sont pour la plupart **végétariennes.** Leur alimentation est constituée de verdure, de fruits et de fourrages (90 % de végétaux et 10 % de fruits). Elle doit être riche et variée de façon à répondre au mieux à leurs besoins nutritionnels en eau, lipides, protéines, glucides, minéraux, oligo-éléments et fibres.
L'un des éléments essentiels de l'alimentation des tortues végétariennes est l'évaluation du **rapport phosphocalcique** (rapport calcium / phosphore ou Ca/P) de la ration alimentaire. Le rapport moyen recommandé pour la plupart des espèces est de 2 à 3, c'est-à-dire que la ration alimentaire doit contenir une teneur en calcium deux à trois fois supérieure à celle en phosphore. Des tableaux contenant les principaux végétaux pouvant être distribués aux reptiles végétariens rapportés à leur rapport phosphocalcique permettent à l'ASV et au vétérinaire d'évaluer ce rapport. Les tortues de terre habituellement nourries avec des rations à base de laitue et de tomates ont une alimentation déficiente en calcium. Ce rapport phosphocalcique insuffisant est à l'origine de malformations et de maladies nutritionnelles (ostéofibrose nutritionnelle).

Des compléments minéraux peuvent éventuellement être distribués lors de carence.
Il faut distribuer des végétaux frais quotidiennement (plusieurs petits repas quotidiens) et les retirer rapidement s'ils ne sont pas consommés. La boisson est mise à disposition par des petites assiettes dans lesquelles la tortue peut poser sa tête ou prendre un bain. Il est fortement conseillé de baigner les tortues méditerranéennes (un à deux bains par semaine dans de l'eau tiédie à 30°C). Il existe actuellement dans le commerce des granulés pour tortues terrestres qui peuvent être distribués occasionnellement.

Rapport phosphocalcique des fruits et légumes

Légumes	Ca/P	Fruits	Ca/P
Concombre	0.47	Abricot	0.54
Courge	0.47	Ananas	1.8
Courgette	1.3	Banane (avec peau)	0.28
Carotte	1.1	Cerise	0.66
Cresson	**3.6**	Fraise	0.9
Endive	**2.66**	Framboise	0.9
Épinard	**2.3**	Kiwi	0.66
Haricot vert	1.1	**Mangue**	**3.6**
Laitue (feuilles vertes)	1.75	Melon	1.1
Luzerne déshydratée	**6.1**	Orange	2.4
Persil	1.5	Pamplemousse	1.05
Pissenlit (feuilles)	**2.4**	**Papaye**	**3.6**
Poireau	1	**Pastèque**	**3.6**
Potiron	0.46	Pêche	0.52
Salade romaine	1.8	Poire	0.83
Salade rouge	**3.6**	Pomme	0.59
Scarole	1.8	Raisin	0.55
Soja (tofu)	1	Tomate	0.5

Les tortues semi-aquatiques

Les tortues semi-aquatiques comme les tortues de Floride à tempes rouges ont un régime alimentaire **carnivore** quand elles sont jeunes et à tendance **omnivore** quand elles sont adultes. Il est impératif de proscrire les crevettes desséchées et les larves de *Gammarus.* Ces aliments sont en effet trop riches en phosphore et peuvent être à l'origine d'une contamination bactérienne.
Le régime alimentaire des tortues aquatiques adultes se compose de 70 à 90 % de protéines animales et de 10 à 30% de végétaux (variables selon les espèces). Il faut également éviter les rations alimentaires composées exclusivement de viandes (steak haché ou jambon par exemple) carencées en calcium et en vitamines.

Les tortues semi-aquatiques peuvent recevoir des petits poissons frais entiers (gardons, guppy, etc.), des morceaux de filet de poissons frais (saumon, colin, etc.), des lombrics, du cresson, des algues, ainsi que des granulés pour tortues semi-aquatiques. De nombreux aliments industriels existent dans le commerce. Plusieurs marques proposent des granulés équilibrés composés de poissons, crustacés, algues et céréales. Les juvéniles sont nourris quotidiennement et les adultes tous les deux jours.
Les tortues omnivores comme la tortue boîte de Caroline *(Terrapene carolina)* reçoivent une ration alimentaire constituée de 50 % de produits animaux et 50 % de végétaux. On peut leur distribuer quotidiennement de la verdure, des fruits, des lombrics, des escargots, des souriceaux, des morceaux de chair de poissons frais, des petits poissons entiers ainsi que des granulés pour tortues omnivores.

L'alimentation des lézards

Certains lézards sont **végétariens** (l'iguane vert par exemple). Les règles alimentaires à suivre sont identiques à celles énoncées précédemment pour les tortues terrestres (repas quotidien, végétaux variés, retirés rapidement si non consommés, respect d'un Ca/P égal à 2). Notons que l'iguane peut recevoir également dans son alimentation des protéines animales sous forme d'insectes (grillons, vers de farine) mais en faible quantité (inférieure à 3 % de sa ration alimentaire).
D'autres lézards ont un régime alimentaire **insectivore.**
Ils sont donc nourris avec des insectes adaptés à leur gabarit (grillons, teignes de ruche, criquets, vers de farine, etc.). Ces insectes peuvent être achetés dans des magasins spécialisés ou capturés dans les prés à condition que les terrains ne soient pas traités aux pesticides ni aux insecticides. La distribution de ces insectes vivants est quotidienne ou tous les 2 à 3 jours selon l'âge et l'espèce rencontrée. Une règle élémentaire de l'alimentation des lézards insectivores est de nourrir les insectes dans les 48 heures qui précèdent leur distribution au lézard. On privilégie des aliments riches en calcium (se reporter aux tableaux des rapports phosphocalciques des végétaux) comme l'endive, la mâche, la luzerne, le cresson pour nourrir les proies, de façon à ce qu'elles ne soient pas elles-mêmes carencées lors de leur distribution. Il est déconseillé de distribuer en une fois une grande quantité d'insectes, par exemple de façon hebdomadaire, en espérant que l'animal se régule durant la semaine : les insectes présents dans le terrarium risquent d'attaquer leur prédateur quand ils recherchent leur nourriture ! Il est plutôt conseillé de distribuer régulièrement les insectes en quantité adaptée et immédiatement consommée. Il est aussi possible de laisser quelques végétaux frais dans le terrarium de façon à ce que les insectes éventuellement non consommés puissent trouver leur nourriture.
Certains lézards peuvent consommer en plus des insectes des proies plus grandes (souris, poussins, etc.). Ces proies doivent être adaptées à la taille de l'animal et ne concernent que quelques espèces comme l'agame barbu d'Australie *(Pogona vitticeps),* l'agame aquatique *(Physignathus cocincinus),* et les varans.

L'alimentation des serpents

L'alimentation d'un serpent est sans doute la plus facile à gérer parmi l'ensemble des reptiles. En effet, ces animaux ne mangent pas quotidiennement. Dans le cas des grands serpents, la fréquence des repas peut s'étaler sur plusieurs semaines. Il est « pratique » de laisser un serpent dans son terrarium équipé et muni de minuteries durant les vacances sans avoir à nourrir son animal.

Les serpents ont un régime alimentaire carnivore. Ils se nourrissent de proies entières (mammifères, oiseaux). Les serpents classiquement détenus en terrariophilie sont des espèces non venimeuses. Ils mordent leur proie pour la maintenir et s'enroulent par un phénomène réflexe autour de celle-ci afin de la tuer par étouffement (phénomène de **constriction**). Les mammifères classiquement utilisés pour l'alimentation des serpents sont la souris, le rat, de cochon d'Inde et le lapin. Les oiseaux habituellement fournis à certaines espèces de serpents (arboricoles) se nourrissant d'oiseaux sont les poussins. Dans la mesure où les serpents ingèrent une proie entière répondant à tous leurs besoins nutritionnels, il est quasiment impossible pour eux de développer une carence alimentaire.

La taille de la proie doit être adaptée à celle de l'animal, et représenter au maximum trois fois la taille de la largeur de la tête du serpent. Les serpents juvéniles sont nourris avec des souris ou hamsters nouveau-nés, puis la taille de la proie augmente parallèlement à celle du serpent. Les plus gros d'entre eux (python molure par exemple) sont nourris avec des gros lapins ou des poulets.

Le nombre de proies est aussi fonction de la taille du serpent (plus il augmente de taille et plus le nombre de proies distribuées est faible). Ainsi un jeune serpent peut ingérer deux ou trois petites proies tandis qu'un gros serpent ne reçoit qu'une unique grosse proie. L'intervalle entre les repas, lui, va croissant avec la taille du serpent. Les juvéniles sont nourris environ tous les 5 jours tandis que les gros serpents peuvent être nourris toutes les 2 à 3 semaines.

L'heure de distribution des repas est fonction du mode de vie de l'animal (exemple : le soir pour les espèces crépusculaires et nocturnes).

Le propriétaire d'un serpent doit choisir entre des **proies vivantes et des proies mortes.** La distribution de proies vivantes doit toujours se faire avec précaution car elles peuvent se débattre durant la prédation voire blesser le reptile. Une proie non consommée doit impérativement être retirée du terrarium car elle peut s'attaquer au reptile lorsqu'elle a faim. Il est préférable de privilégier la distribution de proies mortes (et donc inoffensives). La proie « fraîchement tuée » est placée dans le terrarium. Certains serpents habitués la repèrent par olfaction et l'ingèrent. Pour les serpents non habitués, il est possible de leur présenter la proie à l'aide d'une longue pince en l'agitant légèrement devant leur tête afin qu'ils repèrent le mouvement associé à l'odeur.

Soulignons le régime alimentaire particulier et spécifique de certaines espèces : les serpents jarretière ou *Thamnophis,* qui ont un régime alimentaire piscivore. Ils sont maintenus dans un aquaterrarium et des petits poissons leur sont distribués, le serpent chassant ses proies dans l'eau.

LA REPRODUCTION DES REPTILES

La reproduction des tortues

Le sexage des tortues : certaines espèces de tortues présentent un dimorphisme sexuel. C'est le cas de certaines tortues semi-aquatiques comme la tortue de Floride à tempes rouges. Chez cette espèce, le mâle adulte possède des griffes très développées aux pattes antérieures qu'il utilise lors de la parade nuptiale en agitant ses pattes devant la tête de la femelle. Le mâle de la tortue boîte de Caroline possède un iris de couleur rouge tandis que celui de la femelle est de couleur brune.

Notons cependant que le dimorphisme sexuel n'est pas fréquent dans le sous-ordre des chéloniens. Une observation plus rapprochée des animaux est donc nécessaire pour en reconnaître le sexe. Dans le cas des tortues de terre, certains mâles possèdent un plastron de forme concave leur permettant de mieux s'appliquer sur la dossière de la femelle lors de l'accouplement. Mais ce critère n'est pas totalement fiable.

Le sexage des tortues, qu'elles soient aquatiques ou terrestres passe par **l'observation de la zone du cloaque.** Les mâles possèdent une queue large, allongée et un cloaque éloigné par rapport à l'arrière de la dossière. Les femelles, quant à elles, possèdent une queue courte, fine et le cloaque positionné en regard de la dossière. Le sexage s'avère délicat pour les jeunes spécimens (la maturité sexuelle se situant entre 10 et 15 ans pour les tortues grecques et Hermann).

Le mode de reproduction utilisé par les tortues est **l'oviparité,** c'est-à-dire une reproduction basée sur la ponte d'œufs. La reproduction commence par une parade nuptiale durant laquelle les mâles peuvent mordre les pattes de la femelle et donner des coups de carapace (cas des tortues de terre) ou nager autour de la femelle en agitant leurs membres antérieurs dotés de griffes allongées (cas de la tortue de Floride à tempes rouges).

L'accouplement se fait par pénétration de l'organe copulateur dans le cloaque de la femelle, la fécondation est donc interne. La période d'accouplement pour la plupart des espèces de tortue se situe entre avril et mai. Deux à trois semaines après l'accouplement, la femelle creuse la terre pour y pondre ses œufs (il s'agit de la **ponte**).

En captivité, on conseille de placer ces œufs en **incubateur** pour optimiser les chances de naissances. Il faut souligner que les œufs des reptiles contrairement à ceux des oiseaux possèdent « un sens » fixé dans les 24 heures suivant la ponte. Si l'œuf est retourné par la suite, l'embryon meurt rapidement. Il est donc conseillé quand un particulier trouve le site de ponte de sa tortue, de marquer la partie supérieure de l'œuf à l'aide d'un crayon à papier et de déplacer les œufs en les maintenant toujours dans le même sens. Les œufs peuvent être placés dans une petite cuve en

plastique (type caisse de transport pour rongeur) contenant du sable humidifié, elle-même placée dans une cuve de taille supérieure contenant de l'eau et une résistance d'aquarium (l'incubation consiste en fait à incuber les œufs dans un « bain-marie »).
La durée de **l'incubation** dépend de l'espèce et de la température d'incubation. La température d'incubation conseillée pour la plupart des espèces varie de 28 à 30°C. La durée d'incubation peut varier d'une espèce à l'autre (de 90 jours pour les tortues boîte à 150 jours pour d'autres espèces).
L'éclosion a lieu deux à trois mois après l'accouplement pour les tortues méditerranéennes (grecque, Hermann et marginée). Notons que les femelles de certaines espèces de tortue sont capables de conserver le sperme plusieurs mois voire d'une année sur l'autre. Ainsi, suite à un même accouplement, plusieurs pontes peuvent avoir lieu. Lors de l'éclosion, les petites tortues cassent la coquille à l'aide d'une **dent de l'œuf** située entre leurs narines et leur bec corné.

La reproduction des lézards

Le sexage des lézards : certaines espèces de lézards présentent un dimorphisme sexuel marqué. C'est le cas de l'iguane vert : le fanon gulaire, l'écaille sub-tympanique, la crête dorsale et les pores fémoraux situés sur la face interne des cuisses sont bien plus développés chez les mâles. Pour les espèces ne présentant pas de dimorphisme sexuel, l'observation de la zone cloacale permet de distinguer mâles et femelles. Les lézards mâles sont dotés de deux organes copulateurs appelés **hémipénis.** Ces derniers sont situés dans la base de la queue, invaginés en arrière du cloaque. La base de la queue est donc plus large et présente deux renflements chez les mâles.
Le mode de reproduction des lézards rencontrés en terrariophilie repose sur **l'oviparité.** Le principe général de la reproduction est donc analogue à celui des tortues : parade nuptiale, accouplement, fécondation, ponte, incubation, éclosion. Lors de l'accouplement, un seul des deux hémipénis est utilisé.

La reproduction des serpents

Le sexage des serpents : les serpents ne présentent pas de dimorphisme sexuel.
Le sexage peut faire l'objet d'une demande de la part de la clientèle vétérinaire. Les serpents mâles, tout comme les lézards, possèdent deux organes copulateurs (les hémipénis), invaginés en arrière du cloaque dans la base de la queue. Deux principales techniques de sexage sont envisageables.
La première est la technique **d'éversion manuelle des hémipénis.** Elle consiste à retourner le corps du serpent de façon à placer sa face ventrale face au manipulateur, à cambrer légèrement le corps de l'animal au niveau de la zone cloacale, à positionner le pouce sur la face ventrale,

latéralement, quelques centimètres en arrière du cloaque, à appuyer légèrement et à maintenir la pression tout en remontant le pouce en direction du cloaque. Cette méthode permet d'évaginer les hémipénis.
La seconde méthode est celle du **sondage.** Les hémipénis lorsqu'ils sont au repos, invaginés en arrière du cloaque, laissent un espace virtuel dans lequel il est possible d'insérer délicatement une petite sonde lubrifiée (en partie caudale et latérale du cloaque). La sonde est introduite jusqu'à ce qu'une résistance se fasse sentir. Elle est alors ressortie et placée sur la face ventrale de l'animal en arrière du cloaque de façon à comptabiliser le nombre d'écailles ventrales correspondant à la partie de la sonde insérée. La sonde ne peut être introduite que sur 2 ou 3 écailles chez les femelles. Elle peut l'être sur une longueur correspondant à 8 à 10 écailles ventrales chez les mâles. Ces deux techniques sont à utiliser avec précaution par le praticien car elles risquent de blesser l'animal si elles sont mal réalisées.
Le mode de reproduction des serpents est pour la plupart des espèces **l'oviparité** (tout comme les tortues et les lézards). Remarquons cependant le cas particulier du boa constricteur et de la vipère dont le mode de reproduction est **l'ovoviviparité.** Elle consiste en une incubation dans le corps de la femelle d'œufs sans coquille. C'est un mode de reproduction intermédiaire entre l'oviparité caractéristique des oiseaux et la viviparité caractéristique des mammifères. La femelle va donc « accoucher » de petits serpents autonomes à la naissance. Contrairement aux mammifères, il n'y a aucun système élaboré d'échange entre la mère et les petits dans ses voies génitales (absence de placenta et de cordon ombilical).

L'élevage des jeunes

Il n'y a pas, pour les espèces classiquement détenue en terrariophilie, de maternage des petits. Ces derniers sont autonomes à la naissance et n'ont pas besoin des parents (risque de cannibalisme pour certaines espèces). Ils sont maintenus dans un terrarium chauffé analogue à celui des parents. L'hibernation est déconseillée durant les premières années.

La détermination du sexe par la température

Cette particularité de la reproduction de certaines espèces de reptiles consiste en une influence de la température d'incubation des œufs sur le sexe de l'animal à naître (dans le deuxième tiers de l'incubation). Elle est également appelée **TSD pour *Temperature-dependant Sex Determination,*** et s'oppose à la détermination génétique du sexe par les chromosomes sexuels comme c'est le cas chez les oiseaux, les mammifères et les amphibiens. Les serpents ne sont pas concernés par cette TSD, qui n'existe que dans deux groupes de reptiles. Dans un premier cas, des températures d'incubation plus élevées donnent naissance à une majorité de femelles (cas de la tortue de Hermann et de la tortue de Floride). Dans le second cas, une majorité de femelle voit le jour à des températures

basses et hautes, les mâles étant plus nombreux à des températures intermédiaires (cas du gecko léopard).
En conclusion, la reproduction des reptiles peut d'avérer plus ou moins facile selon les espèces. Elle est favorisée par le suivi d'une hibernation pour les espèces pouvant hiberner ou par le suivi d'une période de repos hivernal pour les autres. Soulignons que pour les espèces maintenues en terrarium, la présence d'un site de ponte après l'accouplement est une nécessité. Son absence peut être à l'origine d'une rétention d'œufs. Ce site de ponte est constitué d'un petit bac contenant du sable humidifié dans lequel la femelle creuse pour y déposer ses œufs.

LES PRINCIPALES MALADIES RENCONTRÉES CHEZ LES REPTILES

Un minimum de connaissances concernant les maladies des NAC est nécessaire pour l'ASV de façon à ce qu'il ne puisse, en aucun cas, sous-estimer la gravité éventuelle d'affections n'ayant pas les mêmes symptômes ni les mêmes conséquences pour les NAC que pour les chiens ou les chats. Ces connaissances l'aideront à prendre les bonnes initiatives vis-à-vis de la clientèle (repérer l'urgence, donner les bons conseils...).

Les principales maladies des tortues

Les atteintes de la carapace

Elles constituent un motif très fréquent de consultation chez les chéloniens. On rencontre des lésions et **fractures** de carapace suite à des morsures de chiens, des chutes, des accidents de tondeuse à gazon, etc.
Les tortues peuvent aussi présenter des **infections de la carapace** d'ordre bactériens, mycosiques ainsi qu'une infestation par les algues dans le cas des tortues semi-aquatiques. Des hémorragies visibles à travers la carapace sont révélatrices d'une septicémie. Cette dernière, ainsi que les fractures de la carapace, sont des urgences pour lesquelles l'ASV a un rôle essentiel. Lors de l'accueil téléphonique, il doit conseiller aux clients dont la tortue a subi un traumatisme sur la carapace de dégager les principaux débris (morceaux de carapace, terre, herbe, etc.) qui peuvent se trouver dans la cavité cœlomique. Des compresses ou un linge humidifié sont placés pour recouvrir la perforation de la carapace afin de limiter la déshydratation et la possibilité pour les mouches d'y pondre leurs œufs. La gestion du patient en clinique vétérinaire consiste en un traitement de l'état de choc, une lutte contre la déshydratation et les surinfections bactériennes, un nettoyage de la cavité cœlomique et une réduction des fractures (cerclages métalliques, résines, etc.). Cette dernière s'avère problématique chez les animaux de petite taille en croissance car la résine ou les cerclages métalliques peuvent gêner la croissance de l'animal et sont donc à remanier régulièrement par la suite.

Les pneumonies et rhinites

Elles se traduisent par une respiration sifflante, cou tendu et gueule ouverte, et des écoulements nasaux. Dans le cas des tortues semi-aquatiques, on peut aussi noter, lors de pneumonies unilatérales, une position de travers dans l'eau. En effet, les poumons servent de ballaste : le poumon atteint étant plus lourd que le poumon sain, il est à l'origine d'un déséquilibre pour la tortue. Ces affections respiratoires constituent des urgences et sont souvent dues à des conditions de vie inadaptées. C'est notamment le cas des tortues méditerranéennes maintenues dans les régions plus nordiques et au climat plus froid et humide.

L'ostéofibrose

Cette maladie, aussi appelée MBD *(metabolic bone disease),* est un trouble de la croissance de l'os et de la carapace. Les deux principales causes en sont un déséquilibre du rapport phosphocalcique de la ration alimentaire, et un manque d'exposition aux rayons ultraviolets (se reporter au chapitre sur le maintien en captivité et l'alimentation des reptiles). Elle se traduit par une déformation de la carapace (carapace aplatie, molle ou déformée), des membres ou de la colonne vertébrale souvent associée à de l'anorexie, de l'abattement, des fractures en bois vert, une mâchoire élastique et un retard de croissance.

Les parasites digestifs

Ils sont fréquemment rencontrés notamment chez les tortues de terre **(oxyures).** Une vermifugation régulière surtout des animaux vivant à l'extérieur est à recommander. Un affaiblissement de l'animal (dysfonctionnement du système immunitaire lors d'une baisse de température par exemple) peut être à l'origine d'une prolifération parasitaire. Les spécimens sauvages sont plus fréquemment infestés par les parasites que les spécimens nés en captivité.

La carence en vitamine A

Elle est fréquemment rencontrée chez les jeunes **tortues aquatiques** et semi-aquatiques. Elle est liée à une carence en vitamine A dans l'alimentation souvent associée à un excès de protéines. Le signe évocateur le plus visible est l'œdème palpébral.

L'abcès de l'oreille (pyogranulome du tympan)

La tortue présente un gonflement de la membrane tympanique en arrière de l'œil. Du pus peut être visible au fond de la gueule de l'animal (communication avec les oreilles via les trompes d'Eustache). L'origine de l'infection est d'ailleurs souvent buccale.

La rétention d'œufs

C'est une impossibilité pour un animal ovipare à pondre ses œufs. Il existe deux types de rétention d'œufs : une rétention de follicules dans les ovaires **(rétention pré-ovulatoire)** et une rétention d'œufs dans les voies génitales **(rétention post-ovulatoire).** La tortue atteinte présente de l'agitation puis de l'abattement et de l'anorexie. Les causes de la rétention sont multiples : absence de site de ponte ou de fécondation, infection génitale, mauvais état général, stress, œufs cassés ou mal formés, etc.

Le prolapsus du cloaque ou du colon

Le prolapsus du cloaque ou du colon consiste en une éversion de ces organes vers l'extérieur du cloaque. Les causes peuvent être multiples (rétention d'œufs, parasitisme, etc.). Ces affections constituent des urgences médicales.

Les principales maladies des lézards

Les atteintes cutanées

Les principales maladies de peau rencontrées chez les lézards sont les brûlures, les troubles de la mue, les ectoparasites et des dermites.

Les brûlures sont des urgences médicales et se rencontrent principalement chez des lézards pour lesquels le système de chauffage au sein de leur terrarium est mal installé (accessibilité pour l'animal, trop forte puissance, etc.) et chez les animaux pouvant s'échapper de leur terrarium.

La sensibilité cutanée d'un reptile est moindre que celle d'un mammifère. Il ressent donc moins vite la douleur quand il se place à un endroit trop chaud pour lui. Le problème réside surtout dans l'intelligence relativement « limitée » de l'animal qui ne fait pas le lien entre la souffrance physique qu'il ressent et l'endroit trop chaud où il se trouve. Il n'est donc pas rare qu'un iguane en fuite dans la maison se brûle sur une plaque de cuisinière, une résistance de réfrigérateur, etc. Les brûlures chez les reptiles sont souvent graves, à l'origine d'infections, d'un état de choc, de déshydratation et de lésions cutanées profondes. En attendant la consultation, l'ASV peut indiquer par téléphone l'application de compresses imbibées de sérum physiologique ou de povidone iodée solution diluée sur les lésions cutanées de façon à limiter les surinfections bactériennes et la déshydratation.

Les troubles de la mue les plus fréquemment rencontrées sont des difficultés à muer (hygrométrie trop faible, présence d'ectoparasites ou absence de surfaces sur lesquelles l'animal peut se frotter pour s'enlever ses lambeaux de mue).

Les ectoparasites ne sont pas rares chez les reptiles : surtout des acariens se logeant entre les écailles.

Les dermites sont des infections de la peau généralement dues à un excès d'humidité dans le terrarium, une surinfection de blessures. Lors d'atteintes cutanées (excepté dans le cas de troubles de la mue) le bac à eau doit systématiquement être retiré.

La stomatite

Il s'agit d'une **infection de la cavité buccale** pouvant être secondaire notamment à une blessure dans la bouche ou à une baisse de l'état général de l'animal (température trop faible, prolifération de germes opportunistes, etc.). Elle se traduit par une déformation de la mâchoire, une accumulation de pus et débris nécrotiques dans la bouche et par la présence de lésions ulcératives. Lorsque la stomatite est constatée par le propriétaire, elle constitue une urgence médicale. En effet, ce foyer infectieux peut être à l'origine de graves complications. Le traitement consiste en une correction des paramètres d'environnement erronés, des désinfections quotidiennes de la bouche à l'aide de solutions antiseptiques adaptées et la mise en place d'une antibiothérapie.

Les pneumonies et les rhinites *(se reporter au chapitre correspondant des maladies des tortues)*

L'ostéofibrose *(se reporter au chapitre correspondant des maladies des tortues)*

Les parasites digestifs *(se reporter au chapitre correspondant des maladies des tortues)*

Le prolapsus du cloaque ou du colon *(se reporter au chapitre correspondant des maladies des tortues)*

La caudectomie

Il s'agit d'une section de la queue du lézard. La caudectomie est un phénomène soit naturel (le lézard s'ampute volontairement de la queue par exemple pour faire lâcher prise à un prédateur) ou traumatique (cas de l'iguane). Ce phénomène ne concerne pas toutes les espèces de lézards : en effet certaines ont une queue très large (le fouette queue) voire préhensile (les caméléons). Ce phénomène doit être impérativement pris en compte dans la contention des lézards (se reporter au chapitre contention des reptiles). On rencontre aussi des cas de caudectomie lors de combats entre lézards, lors de chutes, lors de maintien en captivité d'un lézard dans un terrarium de trop petite taille, etc. Le moignon doit être régulièrement désinfecté. La mise en place de suture est à proscrire car les lézards sont dotés d'un phénomène de régénération de la queue qui serait bloqué par les sutures. Notons que la queue de repousse est de couleur et de longueur différentes par rapport à la queue d'origine, l'esthétique de l'animal est donc altérée.

Les maladies des serpents

L'anorexie

Elle constitue l'un des principaux motifs de consultation des serpents. Soulignons qu'il existe des périodes d'anorexie physiologiques (période de repos hivernal, femelles gravides, semaine précédant la mue, etc.). Les

autres causes d'anorexie sont surtout des paramètres d'ambiance erronés (température, hygrométrie, etc.) et une alimentation inappropriée (proies vivantes distribuées à un reptile habitué aux proies mortes, proie de trop grande taille, etc.), le stress (manipulations trop fréquentes de l'animal, concurrence entre reptiles, vibrations ressenties par l'animal dues à la présence d'un appareil hi-fi, etc.), ou des maladies. Certaines espèces sont plus souvent rencontrées en consultation que d'autres pour ce motif. Notons principalement le cas du python royal *(Python regius)* qui est une espèce « stressable » et nécessitant une période d'acclimatation en captivité.
L'anorexie chez les serpents peut être très longue, des anorexies de plusieurs mois étant fréquemment constatées. La correction des paramètres d'ambiance erronés est un impératif dans le traitement de l'anorexie ainsi que la recherche d'une maladie concomitante.

Les atteintes cutanées

Les principales atteintes cutanées rencontrées chez les serpents sont les **troubles de la mue, les ectoparasites, les brûlures et les dermites** (se reporter au paragraphe correspondant des maladies des lézards). On rencontre aussi des cas de **morsures** qui ont pour principale cause une réaction de défense de la part des proies. Notons que toute proie non ingérée doit être impérativement retirée du terrarium car elle risque de s'attaquer au prédateur. Il n'est pas impossible de rencontrer en consultation un serpent pour des plaies cutanées graves suite à l'attaque d'une petite souris.

Les stomatites (se reporter au paragraphe correspondant des maladies des lézards)

Les pneumonies et les rhinites (se reporter au chapitre correspondant des maladies des tortues)

Les atteintes neurologiques

Elles peuvent être très variées chez les serpents et se traduisent par une incoordination motrice, des difficultés à la prédation, des régurgitations de proies, une position de corps anormale (exemple : tête et avant du corps orientés vers le haut, etc.). Elles constituent une urgence médicale.

La persistance de la lunette pré-cornéenne

La lunette pré-cornéenne doit faire l'objet d'une mue régulière comme toutes les autres écailles. Si un serpent mue et que cette écaille reste bloquée au niveau oculaire, le serpent apparaît avec une opacité très importante de l'œil (l'ancienne écaille recouvre la nouvelle qui s'est formée dessous). Cette persistance de la lunette pré-cornéenne est généralement due à la présence de parasites ou à une humidité insuffisante. Une humidification régulière de cette écaille à l'aide d'un coton tige et la correction des paramètres d'ambiance erronés permettent en général sa chute. Notons qu'avant toute mue cette écaille s'opacifie de façon physiologique.

Le paraphimosis

C'est l'incapacité pour l'animal de replacer son organe copulateur en position de repos. Dans le cas des serpents, le paraphimosis est grave car l'hémipénis ne pouvant s'invaginer fait très vite l'objet d'un œdème. Dans la mesure où le serpent se déplace en rampant sur son substrat, l'hémipénis se blesse et s'ulcère rapidement. Il s'agit d'un motif de consultation d'urgence. Si la réintroduction de l'hémipénis après sa désinfection s'avère impossible, il doit faire l'objet d'une amputation. Celle-ci ne constitue pas un problème technique majeur dans la mesure où les voies urinaires du serpent ne passent pas dans l'hémipénis. Notons de plus que les serpents sont dotés de deux organes copulateurs. L'avenir reproducteur de l'animal n'est donc pas remis en cause.

L'HIBERNATION DES REPTILES

Le vétérinaire et l'ASV sont souvent sollicités pour donner des conseils concernant l'hibernation des reptiles (notamment pour les tortues terrestres méditerranéennes). Celle-ci constitue une adaptation à des conditions climatiques défavorables. Comme nous l'avons vu précédemment, l'environnement de l'animal (notamment la température) influence directement son métabolisme. En période hivernale, lorsque la température diminue et que la nourriture se fait rare, l'animal peut placer son métabolisme au ralenti et s'isoler du milieu extérieur de façon à ne pas subir les contraintes climatiques.

Une mauvaise hibernation est souvent à l'origine de maladies graves voire de décès. Des règles essentielles sont à respecter pour faire mener une hibernation correcte à son animal :

- **Seuls les animaux hibernant à l'état sauvage peuvent hiberner en captivité.** Les reptiles originaires de zones tropicales ou désertiques ne sont jamais mis en situation d'hiberner à l'état sauvage. Ils peuvent parfois mener une période de repos si les conditions climatiques sont plus défavorables qu'à la normale. Pour ces espèces une hibernation est donc absolument contre-indiquée. Le fait de placer au froid un serpent originaire d'Amérique du Sud ne le plonge pas en état d'hibernation mais dans une situation de grande fragilité, avec un abaissement des défenses de son organisme, et l'expose à une mort certaine. Les principaux reptiles rencontrés en consultation vétérinaire et susceptibles d'hiberner sont les tortues terrestres méditerranéennes ainsi que certaines espèces de tortues semi-aquatiques nord américaines (tortues de Floride).
- **Seuls les animaux placés en situation d'hiberner peuvent hiberner.** Dans la mesure où l'hibernation est une adaptation à des conditions climatiques défavorables, un reptile maintenu dans sa PBT et disposant d'une alimentation riche n'est pas en situation d'hiberner et donc ne « s'endort pas ». C'est le cas pour une tortue maintenue en captivité l'hiver dans un terrarium équipé d'un système de chauffage et disposant

de nourriture. Il est donc possible de « shunter » l'hibernation par exemple pour les reptiles malades.

- **Seuls les animaux en âge d'hiberner et en bon état de santé peuvent hiberner.** Les jeunes reptiles doivent être maintenus durant leurs premières années de vie et en période hivernale dans un terrarium. L'hibernation étant une réponse à des températures basses, le système immunitaire est affaibli par la baisse du métabolisme. On peut donc en conclure que seuls les animaux en bon état général sont à même d'hiberner. Un animal malade à l'entrée de l'hibernation et que le propriétaire laisserait hiberner risque de voir sa maladie continuer à évoluer pendant l'hibernation, voire de mourir.
- **L'entrée et la sortie en hibernation doivent être progressives.** L'animal doit être maintenu dans des conditions visant à le protéger contre des aléas climatiques trop rudes (gel, etc.) comme nous le verrons ultérieurement. L'animal devant hiberner ne doit pas être nourri pendant la semaine qui précède son endormissement. La température doit être abaissée progressivement : un animal qui passerait par exemple d'une température de 25°C à une température de 8°C subirait un choc thermique potentiellement fatal. Des bains d'eau tiède à 30°C sont prodigués quotidiennement durant la semaine précédant l'endormissement. L'absence de distribution de nourriture associée aux bains qui stimulent la défécation et sont source de boisson pour l'animal, permettent de « vider » son tube digestif. Il n'y a donc aucune matière fécale résiduelle dans l'intestin pendant les mois d'hibernation. De la même façon, lorsque la température augmente progressivement au printemps et que le métabolisme reprend son activité normale, l'animal peut être baigné quotidiennement de façon à évacuer le reliquat de matière fécale pouvant se trouver dans son tube digestif et surtout à s'hydrater. L'alimentation est progressivement redistribuée au bout de quelques jours.

Beaucoup de tortues méditerranéennes vivant en jardin sont laissées en extérieur durant leur hibernation. Il est important de surveiller l'animal avant son hibernation (évaluation de l'état général, pesée, etc.) et de s'assurer que la baisse de température ne soit pas trop rapide. En effet, si l'hiver arrive brutalement, le métabolisme de la tortue se voit brusquement ralenti, ce qui risque de lui ôter la force et l'énergie pour s'enterrer et s'isoler correctement, et la tortue peut donc mourir de froid. La tortue qui hiberne s'enterre pour être maintenue à quelques centimètres de la surface du sol à une température qui reste positive. Il est possible de bêcher la terre à l'endroit où elle s'enterre habituellement de manière à lui faciliter la tache. Une fois la tortue enterrée, un amas de feuille peut être placé au-dessus de l'endroit choisi de façon à limiter au maximum les coups de froid.

Si les propriétaires souhaitent faire hiberner leur tortue en intérieur (ce qui est conseillé pour annuler les aléas climatiques et surveiller le bon déroulement de l'hibernation), il est possible de rentrer l'animal lorsque les températures commencent à baisser progressivement et de le placer à un endroit d'où il peut être surveillé (abri de jardin, etc.). Si le propriétaire souhaite laisser la tortue s'endormir dans le jardin avant de la rentrer en intérieur, l'animal est déterré, nettoyé et placé dans une caisse de bois avec de la paille, fermée avec un grillage pour éviter à d'éventuels rongeurs de s'attaquer au reptile durant l'hibernation. La caisse peut être placée à un endroit dont la température est adaptée à l'hibernation (environ 8°C) et stable.

FICHES PRATIQUES DES PRINCIPALES ESPÈCES RENCONTRÉES

(se reporter aux tableaux du *Mémo*)

4

LES ESPÈCES INSOLITES

Le marché du NAC est en constante évolution. Le nombre d'animaux vendus est de plus en plus important et ils sont de plus en plus variés. Encore rares en clinique vétérinaire, les « nouveaux NAC » feront peut-être à l'avenir l'objet d'une demande plus importante de la part de la clientèle. ASV et vétérinaires seront amenés à rencontrer, outre le cochon d'Inde et le rat qui seront alors devenus des classiques, des mygales, scorpions et autres grenouilles.
Ce chapitre a pour but de donner une présentation succincte de quelques-unes de ces espèces insolites, souvent peu connues, parfois mal-aimées et pour certaines dangereuses.
Rappelons que l'acquisition de telles espèces doit être réservée à des personnes responsables et ayant acquis au préalable toutes les connaissances nécessaires à leur maintien en captivité. L'arrivée de nouvelles espèces dans les animaleries soulève également le problème de la législation et des zoonoses.

LES MAMMIFÈRES

De « nouvelles générations » de mammifères arrivent sur le marché et certaines appartiennent à des Ordres que le vétérinaire ne rencontre jamais en clientèle classique : marsupiaux, insectivores, etc. Seules trois espèces sont traitées dans ce guide, mais il en existe beaucoup d'autres : opossum, wallabie, lama, raton laveur, etc.

Le porc miniature

L'appellation porc miniature regroupe l'ensemble des espèces appartenant à la famille des suidés dont le poids n'excède généralement pas les 100 kilos. Il se définit par opposition au porc domestique pouvant peser à l'âge adulte jusqu'à 300 kilos. Il existe de nombreuses variétés de porcs miniatures dont le poids varie d'une dizaine de kilos (porc Gottingen originaire des USA) à 115 kilos (porc Kwaï originaire de Thaïlande).

Il est donc impératif de s'informer sur la variété du porc que l'on souhaite acquérir avant son achat.
L'une des variétés les plus connues est le **porc du Vietnam** dont le poids peut atteindre une quarantaine de kilos. L'espérance de vie du porc miniature est de 10 à 25 ans. Leur maintien en captivité peut se faire dans la maison ou dans un enclos extérieur. L'animal peut être habitué à une certaine propreté (il peut faire ses besoins dans une litière à chat).
Le porc miniature a un régime alimentaire de type omnivore. Il faut prendre garde à sa tendance à l'obésité.
Sa puberté est précoce (entre 3 et 4 mois) et la stérilisation des animaux peut être recommandée, notamment pour les mâles afin d'atténuer leur odeur corporelle et leur agressivité potentielle en période de reproduction.
L'accueil de cet animal en clinique vétérinaire peut parfois s'avérer délicat. Une tranquilisation préalable peut être jugée nécessaire par le vétérinaire (médication per os donnée par le propriétaire avant le transport vers la clinique). Il s'agit en effet d'un animal « stressable », puissant et pouvant pousser d'importantes vocalises. Sa contention doit se faire dans le plus grand calme en évitant de tenir l'animal par les membres antérieurs ou postérieurs (risques de luxation). Les principales maladies rencontrées chez le porc du Vietnam sont des atteintes digestives (parasitisme, diarrhées), des atteintes respiratoires (rhinite), des atteintes cutanées (parasites, plaies) et des arthrites.

Le hérisson

Le hérisson d'Europe que l'on rencontre parfois dans nos jardins *(Erinaceus europaeus)* est un animal protégé selon la loi française et ne doit pas être maintenu en captivité. Il est cependant possible de rencontrer d'autres variétés de hérissons en animaleries comme le **hérisson d'Afrique** *(Atelerix albiventris),* considérées comme des NAC.
Le hérisson est un mammifère appartenant à l'ordre des Insectivores. Il est maintenu dans une cage. Son régime alimentaire est insectivore à tendance omnivore. Il se nourrit de divers invertébrés et peut parfois consommer des charognes et quelques fruits. La contention du hérisson est souvent problématique en raison de la présence de ses piquants et de son réflexe de se mettre en boule lors d'une menace. Il faut également se méfier de ses morsures. Le hérisson en boule peut être délicatement pris dans le creux des mains protégées par des gants de jardinage, être placé sur le dos et laissé au calme de façon à ce qu'une fois rassuré, il se repositionne sur ses quatre pattes. Il est aussi possible de suspendre l'animal la tête en bas en le saisissant par les membres postérieurs, ce qui rend impossible la « mise en boule ».

Le phalanger volant

Le phalanger volant (***Petaurus breviceps,*** également appelé **Sugar gliders** par les Anglo-saxons) est un mammifère appartenant à l'ordre des marsupiaux et originaire d'Australie et de Nouvelle-Guinée. Une membrane de peau relie ses membres antérieurs et postérieurs pour lui permettre de planer entre les arbres. Son régime alimentaire est insectivore et frugivore. Cette espèce est nocturne et arboricole (la cage idéale mesure 100 × 60 × 180 cm). Il peut vivre en petit groupe constitué d'un mâle et de plusieurs femelles. Ces dernières possèdent une poche ventrale où se trouvent les mamelles et dans laquelle les petits finissent leur développement. Les principales maladies rencontrées chez le phalanger volant sont des affections cutanées, digestives, neurologiques ainsi que diverses blessures. Sa contention se fait par la peau du dos. Il peut pousser des cris puissants quand il est effrayé.

Particularités physiologiques du phalanger *(Petaurus breviceps)*

Espérance de vie	4 – 5 ans en milieu sauvage (9 ans maximum) 12 – 14 ans en captivité
Poids	Variables en fonction des sous-espèces Max. mâle : 115 – 160 g, femelles : 95 – 135 g
Taille	Tête et corps : 120 – 132 mm Queue : 150 – 480 mm
Température corporelle	32 °C
Âge de la maturité sexuelle	Femelle : 8 – 12 mois Mâle : 12 – 14 mois
Durée de la gestation	16 jours puis migration vers la poche
Nombre de petits par portée	1 – 2
Étapes de la croissance	Sortie de la poche à 70 jours Indépendance à 17 semaines

LES OISEAUX

Outre les oiseaux de cage et de volière, il est parfois possible de rencontrer en consultation vétérinaire des espèces de basse-cour détenues en tant qu'oiseaux de compagnie. On parle parfois de volailles d'ornement. Elles se répartissent en deux principaux ordres : les **Galliformes** (poules, paons, faisans) et les **Ansériformes** (canards, oies, cygnes, tadornes).
Leur gabarit varie beaucoup d'une espèce à l'autre et peut aller d'une taille d'une quarantaine de centimètres et un poids de 500 grammes pour un canard mandarin, à une taille d'un mètre à un mètre soixante et un poids de 6 à 20 kilos pour un cygne (il est l'un des oiseaux les plus lourds capables de voler).
L'espérance de vie de ces oiseaux est généralement importante. Elle peut aller jusqu'à une quinzaine d'années pour un canard et de 20 à 30 ans pour une oie ou un cygne.

Les oies sont connues pour leur instinct territorial. Elles deviennent de véritables « chiens de garde » pour les jardins où elles sont maintenues. Le maintien en captivité des ansériformes nécessite un enclos ainsi qu'une pièce d'eau. L'alimentation de ces oiseaux est constituée, selon les espèces, d'herbe, de végétaux aquatiques, de céréales, de granulés adaptés et, pour certains, de mollusques ou petits poissons.
Les galliformes sont généralement inoffensifs (sauf pour certains mâles) et les coups de bec sont rares. La saisie de l'animal se fait à deux mains placées de chaque côté du corps en maintenant dans chacune une aile et une patte. L'animal aveuglé (serviette placée sur sa tête) reste généralement immobile (phénomène de catalepsie).
Les ansériformes sont d'un naturel plus agressif que les galliformes. Certains, lorsqu'ils se sentent agressés, peuvent même attaquer un humain. Outre les violents coups de bec, il faut aussi se méfier des coups d'ailes infligés par l'animal se débattant et des griffes chez certaines espèces. La contention des oiseaux de grand gabarit (jars, cygnes) doit se faire par plusieurs personnes. La tête de l'animal peut être recouverte d'un linge puis le cou est saisi juste en arrière de la tête par l'arrière. Les ailes de l'animal sont plaquées sur le corps. Les oiseaux de moyen gabarit peuvent être saisis sous le bras du manipulateur : l'avant-bras bloque les ailes contre le corps, la main bloque les pattes et l'autre main maintient le cou de l'oiseau. Il faut également souligner que ces oiseaux poussent souvent des vocalises.

LES AMPHIBIENS

Les amphibiens sont répartis en trois ordres :
• Les **Apodes** (Ordres des *Gymnophiona*)
• Les **Urodèles** (Ordre des *Caudata*) : salamandres, tritons, protée, etc.
• Les **Anoures** (Ordre des *Anura*) : grenouilles, crapauds et rainettes, etc.
Leur espérance de vie peut, pour certains, atteindre 10 à 20 ans. Ils sont maintenus en terrariums ou aquaterrariums. Chaque espèce requiert des conditions de maintenance précises (température, hygrométrie, UV). Les amphibiens adultes ont un régime alimentaire carnivore ou insectivore.
L'amphibien, pour son transport, doit être placé dans une boîte plastique dont le fond est garni de papier essuie-tout humide. L'espèce consultée doit être connue avec précision. Le port de gants est conseillé pour toute manipulation afin de protéger la couche de mucus qui recouvre leur peau et en raison du caractère dangereux de certaines espèces (sécrétions toxiques de la peau des dendrobates, petites grenouilles très colorées). Il faut d'ailleurs impérativement éviter de se frotter les yeux après une manipulation d'amphibien. L'animal est maintenu dans le creux de la main en prenant garde de ne pas léser sa peau mince et fragile. Soulignons le caractère agressif de certaines espèces telles que les grenouilles taureau *(Pyxicephalus)* et les grenouilles cornues *(Ceratophrys)* (risque de morsure).
Les principales maladies rencontrées chez les amphibiens sont les affections bactériennes, fongiques, virales et parasitaires, les carences alimentaires, les blessures et la stomatite.

LES ARACHNIDES

Les **mygales** sont des animaux venimeux dont l'acquisition doit être réfléchie et dont la possession doit être refusée à un enfant. Elles appartiennent au sous-ordre des Mygalomorphes qui comprend environ deux milles espèces réparties en 15 familles. Leur espérance de vie varie de 5 à 20 ans (femelles > mâles). Les débutants doivent être orientés vers des espèces terrestres américaines (exemple : *Brachypelma albopilosa*). Les espèces arboricoles américaines (sauf genre *Avicularia*), africaines et asiatiques se montrent plus agressives. Les mygales peuvent faire l'objet d'une protection : ainsi, les espèces du genre *Brachypelma* sont en annexe B de la législation européenne (se reporter au chapitre : la législation concernant les NAC).
La contention ne doit être réalisée que lorsqu'elle s'avère nécessaire car elle constitue un stress pour l'animal et un danger de morsure pour le manipulateur (potentiellement graves pour certaines mais non mortelles pour la plupart des espèces commercialisées : douleur, membres endoloris pendant plusieurs semaines, etc.). Les stridulations émises par certaines espèces peuvent précéder une attaque. L'animal est tout d'abord poussé hors de sa caisse de transport, par exemple au moyen d'une règle en plastique. Il est ensuite saisi entre pouce et majeur au niveau du céphalothorax (partie du corps antérieure à l'abdomen sur laquelle s'implantent les 8 pattes). L'éblouissement de l'animal à l'aide d'une lampe de bureau peut permettre son immobilisation. Notons que certaines espèces peuvent projeter depuis leur abdomen des poils urticants dangereux pour les yeux du manipulateur (port de lunettes conseillé).
Le milieu de vie de la mygale en captivité est constitué d'un petit terrarium dont la taille dépend de l'âge et du mode de vie de l'animal : de 5 × 5 × 5 cm pour un bébé terrestre à 25 × 25 × 45 cm pour un adulte d'une grande espèce arboricole. Le substrat à conseiller est la tourbe. Une écorce de chêne liège doit être installée pour servir de cachette. De l'eau doit être mise à disposition. Un système de chauffage (lampe céramique) est placé au-dessus du terrarium comme source de chaleur. La température diurne adaptée est de 22°C à 26°C (certaines espèces nécessitent cependant des températures supérieures ou inférieures) pour une hygrométrie de 60 à 80 %. Les mygales se nourrissent de proies vivantes (insectes, petits rongeurs, oiseaux, etc.) à raison d'un repas tous les 10 jours pour les adultes.
La reproduction des mygales peut donner un nombre très important de jeunes (de 60 à 2000). Les principales maladies rencontrées sont des blessures (chutes, combats, etc.), des parasites (acariens), des intoxications (exemple : insecticides utilisés dans la pièce où se trouve le terrarium), des troubles de la mue et des infections bactériennes.

LES SCORPIONS

Des recommandations et mises en garde analogues à celles des mygales sont à renouveler pour la possession des scorpions dont certains peuvent

s'avérer dangereux voire mortels pour l'homme. Plus de 1500 espèces sont recensées. Certaines d'entre elles font l'objet d'une protection (*Pandinus dictator, P. gambiensis,* et *P. imperator* sont en Annexe B (II)).
Les scorpions sont des animaux nocturnes dont la longévité varie selon les espèces de 2 à 8 ans (des records à plus de 20 ans ont été référencés). Leur maintien en captivité et leur alimentation sont analogues à ceux des mygales (température diurne estivale de 25°C et hivernale de 23°C). Les espèces désertiques ont besoin de températures supérieures (25 à 30°C le jour) et d'un substrat à base de sable d'aquariophilie. L'hygrométrie varie de 40 à 90 % selon l'origine géographique de l'animal. En ce qui concerne la reproduction, le nombre de petits par « portée » varie de 1 à 140. Les principales maladies rencontrées sont des mycoses, des atteintes parasitaires (acariens) et des blessures.

LES POISSONS

Rappelons que, quantitativement parlant, les poissons sont les animaux de compagnie les plus nombreux en France mais qu'ils font très rarement l'objet d'une demande de la part de la clientèle vétérinaire.
Cette faible demande peut être expliquée par le fait que de très nombreuses espèces de poissons sont fragiles, meurent très rapidement après l'apparition d'une maladie et n'ont pas de valeur affective importante pour les propriétaires.
Les vendeurs en jardinerie et animaleries sont de plus très souvent sollicités par leur client pour répondre aux questions portant sur la pathologie des poissons.
Il faut cependant souligner que beaucoup de poissons ont une valeur financière importante, ce qui peut motiver un propriétaire pour une consultation vétérinaire : exemple des carpes Koï, des cichlidés ou des poissons d'eau de mer dont le prix d'achat peut pour certains dépasser les 150 euros.
Ils sont détenus parfois en groupe au sein d'un même aquarium, la valeur financière de l'ensemble des poissons d'un aquarium peut donc être élevée.
En ce qui concerne la consultation des poissons, le vétérinaire se voit confronté à un problème majeur : l'impossibilité de déplacer la plupart des espèces. Beaucoup de poissons nécessitent un environnement stable (température, densité, pH de l'eau). Le contrôle de ces paramètres est un impératif avant toute consultation vétérinaire (l'approche du poisson en consultation est donc analogue à celle d'un reptile). Le port de gants est conseillé pour la manipulation d'un poisson de façon à ne pas abîmer le film muqueux recouvrant son corps. Il faut aussi connaître avec précisions l'espèce de façon à savoir si elle possède un système de défense particulier (morsure, dard, etc.). L'animal capturé dans le bac à l'aide d'une épuisette peut être maintenu en dehors de l'eau pendant plusieurs secondes voire plusieurs minutes pour son examen clinique et la réalisation d'éventuels prélèvements.

Mémo

CE QU'IL FAUT RETENIR SUR LES MAMMIFÈRES

- Une anatomie et une physiologie digestives particulières à l'origine de nombreuses maladies (dentition et cæcum des rongeurs et lagomorphes de compagnie, vitesse du transit chez le furet). Une analogie du reste de l'anatomie et de la physiologie avec celles des chiens et des chats.
- Leur maintien en captivité : connaître les modalités d'installation d'une cage (emplacement, type, accessoires, etc.).
- Leur alimentation : connaître le régime alimentaire et les besoins nutritionnels de chaque espèce, les règles de distribution, la cæcotrophie.
- Leur reproduction : connaître les modalités de sexage, les deux groupes d'espèces (nidicoles, nidifuges), les particularités d'espèces, les spécificités du furet et la gestion de la reproduction.

CE QU'IL FAUT RETENIR SUR LES OISEAUX

- Les particularités anatomiques et physiologiques : bec, jabot, gésier, sinus, sacs aériens, absence de vessie, les adaptations au vol.
- Leur maintien en captivité : connaître les modalités d'installation d'une cage et d'une volière (emplacement, type, accessoires, etc.).
- Leur alimentation : connaître les différents types de graines, les régimes alimentaires, les différents besoins en fonction du stade physiologique.
- Leur reproduction : le sexage, les temps moyens d'incubation, l'oviparité.

CE QU'IL FAUT RETENIR SUR LES REPTILES

- Une anatomie et une physiologie très particulières : carapace, absence de diaphragme, absence ou présence d'oreilles et de paupières, organe de Jacobson, apodie, mue, reptation.
- Leur maintien en captivité : connaître les modalités de la conception d'un terrarium et les cinq paramètres d'ambiance (température, hygrométrie, aération, luminosité, U.V.), le lien étroit entre le métabolisme de l'animal et son environnement ainsi que les particularités de l'hibernation.
- Des régimes alimentaires variés : végétarien (importance du rapport phosphocalcique et des U.V.), insectivore (importance de nourrir les proies avant leur distribution), carnivore (donner les bons conseils sur la taille et

le type de proie, la fréquence et les modalités de distribution, connaître le principe de la constriction).

- Leur reproduction : connaître le sexage, l'oviparité et l'ovoviviparité (boa constricteur), les étapes successives (parade, accouplement, fécondation, ponte, incubation, éclosion), les différences entre un œuf de reptile et d'oiseau, ainsi que la conception d'un incubateur.

CE QU'IL FAUT RETENIR SUR LES ESPÈCES INSOLITES

- Des animaux à réserver à des « connaisseurs ».
- Une dangerosité potentielle de certaines espèces (mygale, scorpion, etc.), et une manipulation à réserver aux cas de stricte nécessité et en suivant des règles de sécurité.
- Des conditions de maintien en captivité spécifiques à chaque espèce.
- Un risque d'apparition de nouvelles zoonoses d'où des règles d'hygiène à suivre.

**Tableau récapitulatif
des principales données physiologiques et nutritionnelles
des petits mammifères de compagnie**

Espèces	Poids moyen (grammes)	Température corporelle (°C)	Durée de vie (ans)	Régime alimentaire	Aliments MS/100gPV/jour (grammes)	Protéines (%)	Matières grasses (%)	Boisson /100gPV/jour (millilitres)
Lapin	500–9000	38.2 – 39.4	5 – 12	Herbivore	5	14 – 18	2 – 3	5 – 10
Cobaye	F: 750–900 M: 900–1200	37.2 – 39.5	4 – 8	Herbivore	6	18 – 30	3	10
Octodon	F: 300 M: 170	37.5 – 39	7 – 10	Herbivore	10 – 12	13 – 15	3 – 5	10
Chinchilla	F: 450–800 M: 400–500	38 – 39	8 – 20	Herbivore	3 – 6	16 – 20	2 – 5	1 – 2,5
Rat	F: 205–300 M: 450–520	35.9 – 37.5	3 – 4	Omnivore	5 – 6	12 – 27	5	10 – 12
Souris	F: 25–40 M: 20–40	36.5 – 38	2 – 3	Omnivore	12 – 18	16 – 20	5	15
Hamster	F: 95–150 M: 85–130	37 – 38	1,5 – 3	Omnivore	8 – 12	15 – 25	3 – 5	8 – 10
Gerbille	F: 55–85 M: 65–100	37 – 38.5	3 – 4	Omnivore	5 – 8	16 – 22	2 – 4	4 – 7
Écureuil de Corée	70–120	35.4 – 39.1	5 – 12	Omnivore	14 – 16	19	5	7 – 13
Chien de prairie	500–2200	38 – 39.5	5 – 10	Herbivore	2 – 4	–	–	10
Furet	F: 500–800 M: 900–1600	38 – 40	5 – 11	Carnivore	4 – 5	30 – 40	18 – 30	5 – 12

M : mâle / F : Femelle / MS : matière sèche / PV : poids vif

Les principales caractéristiques de la reproduction des petits mammifères de compagnie

Espèces	Maturité sexuelle	Période de reproduction	Durée de gestation (jours)	Nombre de portées par an	Nombre de petits par portée	Poids à la naissance (grammes)	Durée de lactation (semaines)
Lapin	M: 5 – 7 mois F: 4 – 8 mois	Toute l'année	30 – 32	2 – 3	2 – 5	30 – 80	3 – 4
Cobaye	M: 10 sem F: 6 sem	Toute l'année	59 – 72	2 – 3 (voire 4 – 5)	2 – 3	40 – 100	2 – 4
Octodon	M: 180 j F: 90 – 150 j	Toute l'année	87 – 93	2	5 (1 – 10)	15	4 – 6
Chinchilla	M: 9 mois F: 4 – 5 mois	Novembre à mai	110 – 120	2	1 – 5	30 – 60	6 – 8
Rat	60 jours	Toute l'année	20 – 23	4 – 5	5 – 6	5 – 6	3
Souris	M: 45 j F: 40 – 45 j	Toute l'année	19 – 21	4 – 8	7 – 10	1 – 3	3 – 4
Hamster	M: 60 – 65 j F: 40 – 45 j	Mai à septembre	15 – 16	8 – 10	5 – 9	2	3 – 4
Gerbille	M: 70 – 85 j F: 65 – 85 j	Toute l'année	24 – 26	7 – 8	1 – 12	3	3
Écureuil de Corée	M: 12 mois F: 11 mois	Mars à avril	35 – 40	1	3 – 5	3 – 4	4
Chien de prairie	2 – 3 ans	Janvier à mars	30 – 35	1	2 – 10	15	6 – 7
Furet	M: 8 – 12 mois F: 7 – 10 mois	M: déc-juillet F: mars-août	40 – 44	1 – 2	8 – 10	6 – 12	6 – 8

M : mâle / F : femelle

Caractéristiques des principales espèces d'oiseaux de cage et de volière

Nom commun	Nom latin	Taille (cm)	Origine géographique	Dimorphisme sexuel	Nb d'œufs	Incubation (j)
Canari domestique	*Serinus canarius domesticus*	10[illegible]6–20	Îles Canaries	Sexes identiques sauf chant du mâle	4	14
Diamant mandarin	*Poephila guttata castanotis*	10	Australie	F à bec rouge clair, sans barres sur poitrine caractéristiques du mâle	4 – 6	12
Diamant de Gould	*Chloebia gouldiae*	13	Australie	F à poitrine plus claire	4 – 5	14
Diamant à gouttelettes	*Emblema guttata*	1[illegible],25	Australie	F à bandes plus étroites sur poitrine et pourtour des yeux moins marqué	5 – 6	14
Moineau du Japon	*Lonchura striata domestica*	1[illegible],25	Absent à l'état sauvage	Sexes identiques sauf chant du mâle	5 – 6	15
Bengali à joues oranges	*Estrilda melopoda*	10	Sénégal	Sexes identiques, F plus claire	4 – 6	12
Bec de corail	*Estrilda troglodytes*	10	Afrique	F à ventre plus pâle	4 – 5	12
Cordon bleu	*Uraeginthus bengalus*	11,25	Afrique	Mâle avec tâche rouge sur joues	3 – 6	11
Cou coupé	*Amadina faciata*	[illegible]2,5	Afrique du nord	Mâle avec collier rouge	4	12
Veuve de Fischer	*Vidua fischeri*	1[illegible]–32	Afrique	Rectrices chez M en période de repro	3	12
Mainate religieux	*Gracula religiosa*	30	Asie	Sexes identiques	2 – 3	15
Merle métallique vert	*Lamprotornis chalybaeus*	[illegible]2,5	Afrique	Sexes identiques, F plus petite	3 – 5	14
Tourterelle à collier	*Streptopelia roseagrioca*	25	Europe	F au plumage plus foncé	2	14
Colombe diamant	*Geopelia cuneata*	7,5	Australie	F moins de tâches blanches sur ailes, cercle rouge autour œil moins marqué	2	13
Colombe zébrée	*Geopelia striata*	20	Asie, Australie	Sexes identiques, F plus petite	2	13
Caille de Chine	*Excalfactoria chinensis*	2,5	Asie, Australie	F brune avec bandes plus foncées	7 – 10	18
Perruche ondulée	*Melopsittacus undulatus*	20	Australie	Mâle avec cire bleue	4 – 6	18
Inséparable de Fischer	*Agapornis fischeri*	13,75	Tanzanie	Sexes identiques	5	23
Inséparable à tête noire	*Agapornis personata*	13,75	Tanzanie	Sexes identiques	5	23
Perruche callopsitte	*Nymphicus hollandicus*	30	Australie	F plus foncée et queue barrée	5 – 6	19
Perruche omnicolore	*Platycercus excinius*	30	Australie	F plus terne avec ailes barrées	5 – 7	21
Petit cacatoès à huppe jaune	*Cacatua sulphurea*	30	Indonésie	F avec œil rouge-brun	2	28
Grand eclectus	*Eclectus roratus*	35	Indonésie, Australie	F au plumage rougeâtre	2	30
You you du Sénégal	*Poicephalus senegalus*	25	Afrique	Sexes identiques	3 – 4	28
Perroquet gris du Gabon	*Psittacus erythacus*	32,5	Afrique	Sexes identiques, F plus petite	3 – 4	29
Amazone à front bleu	*Amazona aestiva*	22,5	Amérique du sud	Sexes identiques	2 – 4	26 – 28

Caractéristiques des principales espèces de tortues

Famille	Nom commun	Nom latin	Origine géographique	Mode de vie	Taille adulte (cm)	T° diurne (°C)	T° nocturne (°C)
Chélydridés	Tortue hargneuse	*Chrlydra serpentina*	USA, sud du Canada	Semi-aquatique	49,4	23 – 28	23 – 28
	Tortue alligator	*Macroclemys temminckii*	Sud des USA	Semi-aquatique	80	23 – 28	23 – 28
Géoémydidés	Tortue boîte d'Asie orientale	*Cuora amboinensis*	Est de l'Asie	Amphibie	20	22 – 27	22 – 27
	Tortue boîte à bords jaunes	*Cuora flavomarginata*	Sud de la Chine	Amphibie	19	25 – 28	25 – 28
Emydidés	Tortue boîte de Caroline	*Terrapene carolina carolina*	USA	Amphibie	15	25 – 30	25 – 30
	Tortue boîte ornée commune	*Terrapene ornata ornata*	USA	Amphibie	15	25 – 30	25 – 30
	Chrysémyde de l'Ouest	*Chrysemys picta bellii*	Mexique et sud Canada	Semi-aquatique	25	28 – 30	28 – 30
	Chrysémyde du Sud	*Chrysemys picta dorsalis*	USA	Semi-aquatique	15	26 – 30	26 – 30
	Tortue de Floride à tempes rouges	*Trachemys scripta elegans*	USA	Semi-aquatique	28	26 – 30	26 – 30
Testudinidés	Tortue mauresque	*Testudo graeca*	Afrique nord, Espagne sud	Terrestre	30	28 – 30	22 – 24
	Tortue d'Hermann occidentale	*Testudo hermanni hermanni*	Pourtour méditerranéen	Terrestre	22	25 – 30	20 – 24
	Tortue rayonnée	*Astrochelys radiata* ou *Geochelone radiata*	Sud de Madagascar	Terrestre	40	28 – 32	23 – 25
	Tortue charbonnière	*Chelonoidis carbonaria*	Amérique du sud	Terrestre	51,2	28 – 30	23 – 25
	Tortue denticulée	*Chelonoidis denticulata*	Amérique du sud	Terrestre	82	26 – 28	24 – 25
	Tortue étoilée	*Geochelone elegans*	Inde, Sri Lanka	Terrestre	38	28 – 30	24 – 25
	Tortue léopard	*Geochelone pardalis*	Afrique	Terrestre	72	28 – 30	24 – 25
	Tortue sillonnée	*Geochelone sulcata*	Afrique	Terrestre	83	30 – 32	23 – 24
	Tortue à tête jaune	*Indotestudo elongata*	Asie centrale	Terrestre	33	28 – 30	24 – 25

Caractéristiques des principales espèces de lézards

Famille	Nom commun	Nom latin	Origine géographique	Taille adulte (cm)	T° diurne (°C)	T° nocturne (°C)	Hygrométrie (%)
Agamidés	Agame aquatique	*Physignathus cocincinus*	Asie, Australie	50	27 – 33	24	80
	Agame barbu	*Pogona vitticeps*	Australie	40 – 60	28 – 40	22	40
	Fouette-queue	*Uromastyx acanthinurus*	Afrique	27 – 71	28 – 40	22	40
	Lézard à collerette	*Chlamydosaurus kingii*	Nord Australie	75 – 95	28 – 35	22 – 26	70 – 80
Caméléonidés	Caméléon du Sénégal	*Chamaeleo senegalensis*	Afrique	20 – 25	25 – 30	17 – 25	50 – 60
	Caméléon casqué du Yémen	*Chamaeleo calyptratus*	Yémen	50	26 – 28	16 – 20	60 – 80
	Caméléon panthère	*Furcifer pardalis*	Madagascar	F: 20 – 30 M: 40 – 55	22 – 30 (40)	16 – 22	70 – 90
Crotaphytidés	Lézard à collier	*Croaphytus collaris*	USA	30	27 – 35/40	20	30 – 40
Geckonidés	Gecko léopard	*Eublepharis macularius*	Asie mineure	25	25 – 32/35	20 – 22	8
	Gecko tokay	*Gekko gecko*	Asie du sud-est	35	25 – 30	20 – 25	70
	Gecko commun de Madagascar	*Phelsuma madagascariensis*	Madagascar, Seychelles	25	25 – 30	20 – 22	80 – 90
Iguanidés	Anolis de Caroline	*Anolis carolinensis*	Sud des USA	15 – 20	25 – 30/32	24	80
	Iguane vert	*Iguana iguana*	Mexique au Brésil	150	27 – 30/36	24	80
Scincidés	Scinque à langue bleue	*Tiliqua scincoides*	Australie	50	24 – 38	20	50
Varanidés	Varan des savanes	*Varanus exanthematicus*	Afrique	80 – 130	28 – 35	20 – 25	50 – 60
	Varan du Nil	*Varanus niloticus*	Afrique	130 – 200	26 – 32	20 – 26	70 – 80

Caractéristiques des principales espèces de serpents

Famille	Nom commun	Nom latin	Origine géographique	Taille adulte (m)	T° diurne (°C)	T° nocturne (°C)	Hygrométrie (%)
Boïdés (*Boïdae*)	Boa constricteur	*Boa constrictor spp.*	Amérique centrale et sud	1,5 – 4,2	26 – 32	25 – 27	60 – 70
	Boa arboricole de Madagascar	*Sanzinia madagascarensis*	Madagascar	1,5 – 2,4	27 – 31	25 – 28	70
	Python vert arboricole	*Morelia viridis*	Nord de l'Australie	1,2 – 2	24 – 30	21 – 23	70 – 85
	Python à queue courte	*Python curtus*	Malaisie, Bornéo, Sumatra	1,5 – 1,8	26 –32	24 – 28	60 – 70
	Python molure, birman	*Python molurus bivittatus*	Asie du sud-est	3,5 – 6	27 – 32	25 – 28	70 – 80
	Python indien	*Python molurus molurus*	Inde, Sri Lanka	3,5 – 6	27 – 32	25 – 28	70 – 80
	Python royal	*Python regius*	Afrique	1 – 1,8	25 – 35	22 – 25	70 – 80
	Python réticulé	*Python reticulatus*	Asie du sud-est	2 – 9,6	25 – 32	23 – 26	70 – 80
	Python de Seba	*Python sebae*	Afrique centrale	3 – 5	27 – 34	22 – 25	70 – 80
Colubridés (*Colubridae*)	Serpent des blés	*Elaphe guttata guttata*	Sud-est des USA	0,6 – 1,5	26 – 29	20 – 22	70
	Serpent-ratier mandarin	*Elaphe mandarina*	Asie centrale	1 – 1,2	20 – 24	18 – 20	80
	Serpent-ratier	*Elaphe obsoleta spp.*	USA	1,2 – 2,5	25 – 28	20 – 22	50 – 70
	Couleuvre léopard	*Elaphe situla*	Sud-est de l'Europe	0,8	22 – 26	20	50
	Serpent roi de Californie	*Lampropeltis getulus californiae*	Sud-ouest des USA	0,9 – 1,6	26 – 31	24 – 26	50 – 70
	Serpent roi de Floride	*Lampropeltis getulus floridana*	Floride	0,9 – 1,6	26 – 32	24 – 26	50 – 70
	Faux-corail commun	*Lampropeltis triangulum triangulum*	USA	1	25 – 30	20 – 22	50
	Serpent taureau	*Pituophis catenifer sayi*	USA	1 – 1,8	24 – 30	20	50
	Serpent-jarretière oriental	*Thamnophis sirtalis sirtalis*	Nord des USA	0,6	24 – 30	20	60

Test

Testez vos connaissances … avant d'aborder la troisième partie

Attention : il peut y avoir plusieurs réponses exactes, ou aucune !

1. PARMI LES ESPÈCES SUIVANTES, LESQUELLES SONT CLASSÉES DANS L'ORDRE DES LAGOMORPHES ?

a. L'écureuil de Corée
b. Le furet
c. Le porc du Vietnam
d. Le lapin

2. PARMI LES ESPÈCES SUIVANTES, LESQUELLES ONT UN RÉGIME ALIMENTAIRE HERBIVORE ?

a. Le chinchilla
b. L'octodon
c. Le cochon d'Inde
d. Le rat

3. PARMI LES ESPÈCES SUIVANTES, LESQUELLES SONT NIDICOLES ?

a. La souris
b. La gerbille
c. Le hamster
d. Le furet

4. PARMI LES ESPÈCES SUIVANTES, LESQUELLES SONT CLASSÉES DANS L'ORDRE DES PSITTACIDÉS ?

a. Le diamant mandarin
b. La tourterelle
c. L'amazone
d. L'inséparable

5. **PARMI LES ESPÈCES SUIVANTES, LESQUELLES ONT UN RÉGIME ALIMENTAIRE FRUGIVORE ET INSECTIVORE ?**

a. Le mainate
b. Le cacatoès
c. Le canari
d. Le diamant de Gould

6. **POUR QUELLE(S) ESPÈCE(S), UN CLIENT PEUT-IL CONNAÎTRE LE SEXE DE SON OISEAU PAR SIMPLE OBSERVATION ?**

a. La perruche ondulée
b. Le Ara ararauna
c. Le cou coupé
d. La veuve de Fisher

7. **LES ALIMENTS RICHES EN CALCIUM À CONSEILLER POUR L'ALIMENTATION D'UN REPTILE VÉGÉTARIEN SONT :**

a. La tomate
b. Le cresson
c. L'endive
d. Les feuilles de pissenlit

8. **PARMI LES ESPÈCES SUIVANTES, LESQUELLES NE PONDENT PAS D'ŒUF ?**

a. Le python
b. Le boa constricteur
c. Le serpent des blés
d. Le serpent faux corail

9. **L'HIBERNATION DES REPTILES CONCERNE :**

a. Seulement les espèces hibernant à l'état sauvage
b. Seulement les espèces en bon état de santé
c. Seulement les animaux en âge d'hiberner
d. Seulement les animaux placés en conditions d'hiberner

10. L'ANIMAL CAPABLE DE PROJETER DES POILS URTICANTS DANGEREUX POUR LES YEUX DU MANIPULATEUR EST :

a. Le scorpion
b. Le phalanger
c. La mygale
d. La rascasse

Réponses
1 d - 2 a, b, c - 3 a, b, c, d - 4 c, d - 5 a - 6 a, c, d - 7 b, c, d - 8 b - 9 a, b, c, d - 10 c

Si vous avez moins de six réponses exactes, revoyez la seconde partie !

TROISIEME PARTIE

La prise en charge des NAC dans l'assistance technique du praticien

La contention des NAC

La contention est un acte essentiel en clinique vétérinaire. L'apprentissage des techniques de contention spécifiques aux NAC est un préalable indispensable à leur accueil en clinique vétérinaire. L'ASV et le vétérinaire peuvent en effet être confrontés à des espèces qu'ils connaissent peu et dont la contention peut s'avérer délicate (rapidité, force physique, agilité, fragilité, dangerosité éventuelle, etc.).

LES RÈGLES GÉNÉRALES ET LA SÉCURITÉ

Toute contention repose sur deux buts : ne pas blesser l'animal manipulé et ne pas blesser le manipulateur.

Avant toute manipulation, l'ASV doit se renseigner auprès du propriétaire sur le caractère éventuellement agressif de l'animal présenté (notamment en ce qui concerne les serpents).

Les manipulations doivent toujours se faire avec **douceur** notamment pour des animaux de petit gabarit tels que les petits oiseaux exotiques ou les petits mammifères de compagnie. Le poids de ces animaux n'étant que de quelques dizaines de grammes, toute contention trop brusque est à l'origine de lourdes blessures voire du décès de l'animal. La force physique doit être utilisée uniquement avec des espèces robustes et elles-mêmes présentant une force physique importante (notamment dans le cas des grands serpents (boïdés) dont la force physique est considérable).

Toute contention doit s'effectuer dans le **calme** et avec des gestes de lents de façon à ne pas effrayer l'animal.

La **durée** de la contention doit être la plus courte possible. Elle constitue le plus souvent un stress important pour l'animal qui peut lui être fatal (« crise cardiaque ») ou être à l'origine de son affaiblissement ce qui le prédispose au développement de maladies.

Toute manipulation doit reposer sur la **connaissance de techniques de contention** et sur l'utilisation d'un **matériel adaptés** à chaque espèce. L'utilisation de gants épais est à proscrire car la pression exercée sur le corps de l'animal est difficilement appréciable et peut être à l'origine de contusions d'organes internes ou osseuses. De plus, le port de gant amoindrit la

dextérité du manipulateur et ne le protège pas totalement contre les morsures très puissantes de certains animaux (chien de prairie). L'utilisation de gants épais peut éventuellement être préconisée pour la manipulation de grands perroquets ou de certaines espèces de tortues agressives.
Il est très important de souligner que ces règles de contention doivent être suivies en respectant des règles d'accueil du NAC en clinique vétérinaire (se reporter au chapitre les NAC en clinique vétérinaire) et les règles d'hygiène (se reporter au chapitre zoonoses).

LA CONTENTION DES MAMMIFÈRES

La contention du lapin

Bien que certains lapins aient tendance à mordre, cette espèce n'est pas naturellement agressive. Elle est cependant très « stressable » et peureuse, ce qui peut conduire l'animal à vouloir s'enfuir et à faire des ruades qui peuvent être dangereuses d'une part pour le manipulateur (risque de griffades importantes sur les avant-bras) et d'autre part pour l'animal lui-même (risque de lésions vertébrales importantes pouvant aller jusqu'à la fracture). Il est donc impératif de toujours veiller à ce que l'animal ne panique pas et à protéger son dos. La contention d'un lapin par les oreilles doit être proscrite. Une telle contention peut être à l'origine d'un réflexe vagal qui peut entraîner un arrêt cardiaque.
Un lapin vivant depuis de nombreuses années dans une famille avec des enfants a l'habitude d'être manipulé et reste en général calme lors d'une consultation vétérinaire. Il peut être saisi à deux mains par les flancs. Pour manipuler un lapin plus stressé ou moins habitué à la contention, on peut le placer sur l'avant bras, les pattes arrière et l'arrière train reposant dans la main, la tête orientée en direction du creux du coude. L'animal a tendance à y enfouir sa tête afin de se rassurer. L'autre main est posée sur le dos de l'animal pour éviter les ruades. Le lapin doit toujours être maintenu contre le corps du manipulateur. On peut aussi saisir et soulever le lapin par la peau du milieu du dos. Pour les spécimens de petite taille, il est possible de saisir le thorax de l'animal d'une main, l'index et le majeur encerclant le cou, l'autre main saisissant l'arrière de l'animal.
Une technique de contention très utile en clinique vétérinaire est celle qui utilise une **serviette.** L'animal est posé sur le bord de la serviette, un petit rabat est effectué par dessus les membres antérieurs, les pans de la serviette sont ensuite croisés en arrière des oreilles. L'arrière de la serviette est ensuite ramené sous le corps de l'animal.
Un examen clinique de la tête ou l'administration d'un médicament par voie orale peuvent ainsi être effectués sur l'animal emmailloté. Le lapin peut être ainsi déplacé ou faire l'objet une radiographie de la tête sans anesthésie. Une contention analogue peut être réalisée lors de la coupe de griffes (une patte doit être extériorisée avant de rabattre les pans de la serviette autour du corps de l'animal).

Une contention sur le dos est aussi décrite. Elle est actuellement contre-indiquée par divers auteurs américains qui considèrent que ce n'est pas une position naturelle pour un lapin et que l'immobilisation présentée par certains animaux ainsi positionnés serait en fait le reflet d'un stress intense. Dans la mesure où tout stress est néfaste à l'animal, cette contention serait à proscrire. Les bases de ces justifications sont exactes, mais l'on peut aussi penser que cette contention sur le dos est possible pour certains lapins à condition qu'elle soit de très courte durée (5 à 10 secondes) réalisée en suivant la bonne technique et uniquement sur des animaux calmes de façon à éviter tout risque de lésion vertébrale ou tout stress trop important. Pour cela, l'animal est positionné verticalement, les pattes contre le corps du manipulateur, tête du lapin placée sous le menton, une main bloquant l'arrière de l'animal et l'autre main posée sur son dos. Il faut ensuite se pencher en avant et accompagner le mouvement jusqu'à ce que le dos du lapin touche la table de consultation. Les avant-bras sont alors positionnés de part et d'autre de l'animal pour le bloquer. Une telle contention permet un examen rapide de la face ventrale de l'animal et des pattes, voire un sexage.

Contention d'un lapin sur l'avant-bras (Figure 4)

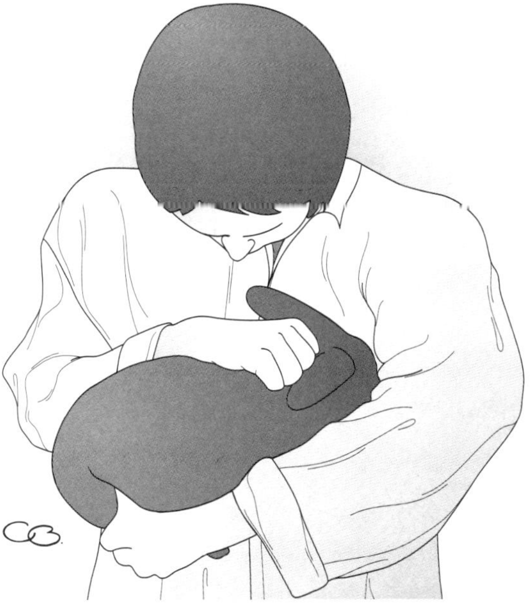

La tête de l'animal est orientée en direction du creux du coude.
Le train arrière repose sur une main.
L'animal est maintenu contre le manipulateur.
La seconde main est posée sur le dos pour éviter les sauts.

Contention d'un lapin par la peau du dos (Figure 5)

L'animal est maintenu contre le manipulateur, une main bloquant l'arrière-train.

Contention du lapin enveloppé dans une serviette (Figure 6)

Contention du lapin sur le dos (Figure 7)

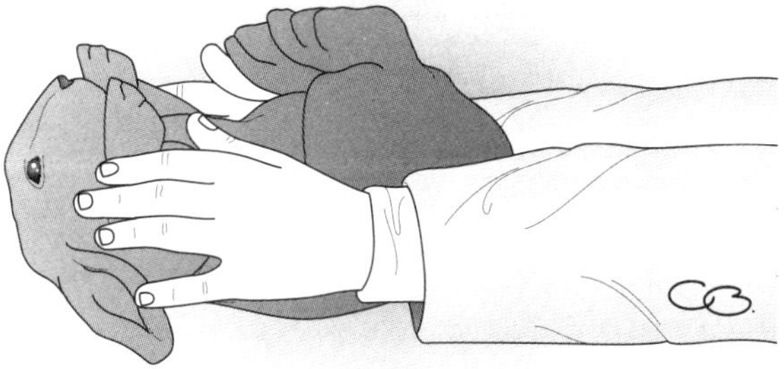

La contention du cobaye

Le cobaye mord rarement. Il est possible que le manipulateur risque quelques griffades des pattes arrière si l'animal panique, mais le cobaye ne représente pas, dans l'ensemble, un danger important. Le cobaye affolé peut pousser des cris stridents, il convient d'en prévenir le propriétaire avant toute manipulation. Il faut proscrire chez cette espèce toute manipulation par la peau du dos, très douloureuse et stressante pour lui. L'animal doit être saisi avec une main au niveau du thorax, le pouce et l'index entourant son cou, les autres doigts glissés sous le thorax (ou index et majeur encerclant le cou et les autres doigts étant glissés sous le thorax). L'autre main permet de soutenir l'arrière du corps. Tout comme le lapin, le cobaye peut être placé sur l'avant-bras, être manipulé enveloppé dans une serviette ou être placé sur le dos.

Contention du cochon d'Inde (Figure 8)

Le pouce et l'index entourent le cou, les autres doigts étant glissés sous le thorax. L'autre main bloque l'arrière-train.

La contention du hamster

Le hamster a tendance à mordre. Préalablement à la consultation, on peut demander à son propriétaire si l'animal est d'un naturel agressif. Le hamster est l'un des plus petits NAC rencontrés en consultation. Il faut donc rappeler la douceur nécessaire pour consulter un animal de tel gabarit. Il faut de plus se méfier lors de sa contention des « mauvais réflexes » : lors d'une morsure, le manipulateur peut avoir un geste réflexe brusque ou lâcher l'animal, ce qui peut être à l'origine de chutes graves voire mortelles pour celui-ci. Pour prendre le hamster dans sa cage, le plus simple est de glisser ses deux mains sous l'animal et de le recueillir dans la paume des mains en le laissant se déplacer d'une main à l'autre. Le hamster n'a généralement pas tendance à mordre la main sur laquelle il se promène.

Il est déconseillé de le saisir par pincement de la peau du dos. Cette dernière contention est stressante pour l'animal et à l'origine d'une saillie des yeux ou exophtalmie (signe de stress chez cette espèce). Afin de bloquer l'animal pour effectuer un examen rapproché ou l'administration d'un médicament, la contention du hamster se fait en plaçant l'extrémité de l'index et du majeur de part et d'autre du cou pour bloquer la tête, les autres doigts enserrant le reste du corps.

Contention du hamster dans le creux des mains (Figure 9)

Contention du hamster (Figure 10)

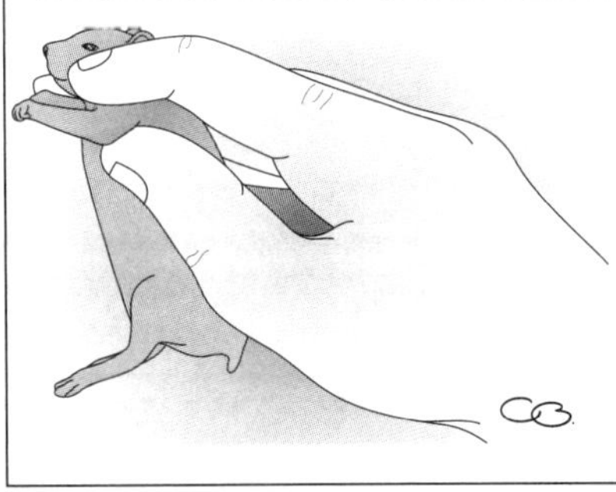

L'index et le majeur entourent le cou pour bloquer la tête. Les autres doigts maintiennent le reste du corps.

La contention du rat et de la souris

Ces deux espèces sont généralement très familières avec l'homme et les morsures sont rares. L'animal peut se « promener » sur les mains et bras du manipulateur.

Il faut proscrire toute traction sur la queue qui peut être provoquer une blessure (scalp de la peau à l'extrémité ou fracture vertébrale). L'animal peut éventuellement être bloqué par la base de la queue mais sans être soulevé par celle-ci.

Afin d'immobiliser l'animal pour réaliser un examen rapproché ou une injection, on peut saisir le rat de la même façon que le cobaye et la souris de la même façon que le hamster, c'est-à-dire deux doigts bloquant la tête avec l'index et le majeur, les autres doigts entourant le corps de l'animal. Il est également possible de saisir l'animal par la peau du cou et du dos. Dans le cas de la souris, cette contention peut s'effectuer à une seule main en pinçant la peau du dos entre le pouce et le majeur, l'auriculaire bloquant la base de la queue pour éviter à l'animal de s'agiter. Ce dernier mode de contention doit être de courte durée.

Contention de la souris à une main par la peau du dos (Figure 11)

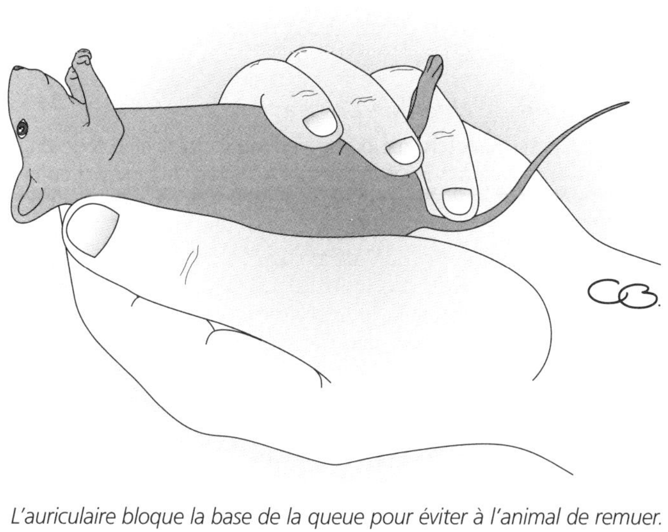

L'auriculaire bloque la base de la queue pour éviter à l'animal de remuer.

La contention du chinchilla

L'élément essentiel à retenir concernant la contention du chinchilla est de **ne jamais saisir l'animal en pinçant la peau du dos.** En effet, celle-ci peut faire l'objet d'un **phénomène de lâcher de poils** aussi appelé « fur slip ». Ce lâcher de poils est un système de défense passif qui permet à l'animal de faire lâcher prise à un éventuel prédateur. Il faut souligner

l'existence d'un phénomène analogue sur l'extrémité de la queue (phénomène appelé « tail slip »). Le chinchilla est un animal d'un naturel sympathique, les morsures sont donc rares. Cet animal est dépourvu de griffes pointues. Il ne faut surtout pas sous estimer sa vivacité et sa rapidité : un chinchilla réussissant à s'enfuir dans un cabinet vétérinaire est extrêmement difficile à rattraper.
Concernant sa contention, il est possible de bloquer l'animal en le saisissant par la base de la queue, pour ensuite glisser une main sous son corps et le poser sur l'avant-bras. On peut aussi maintenir le chinchilla comme cela a été décrit avec le cobaye, c'est-à-dire avec deux doigts entourant le cou (index et majeur ou pouce et index) les autres doigts entourant le thorax et l'autre main maintenant l'arrière de l'animal. La contention dans une serviette est réalisable pour cet animal.

La contention de l'octodon et de la gerbille

Ces deux animaux sont parmi les plus rapides des petits mammifères rencontrés en consultation vétérinaire (avec l'écureuil de Corée). Il faut prendre garde lors de la saisie de l'animal dans sa cage à ne pas le blesser et à ne pas se faire mordre. L'utilisation d'une serviette peut être indiquée. Toute traction sur l'extrémité de la queue est à proscrire. Ces deux espèces présentent un phénomène analogue à celui rencontré chez le chinchilla (« tail slip »). Pour saisir l'animal, on peut bloquer la tête avec deux doigts (index et majeur), les autres doigts glissant sous le thorax et l'autre main saisissant l'arrière de l'animal.

La contention du chien de prairie

Il faut souligner le caractère parfois agressif de certains chiens de prairie. Le propriétaire de l'animal doit être questionné afin de prévoir d'éventuelles réactions agressives de la part de l'animal. Le chien de prairie se tient généralement face à son agresseur potentiel, ouvre la gueule et redresse sa queue tenue ébouriffée. On note de plus une éversion des trois replis de la glande anale. L'animal pousse des cris stridents ressemblant à des aboiements. Le propriétaire doit donc être informé de ces éventuelles réactions. Le chien de prairie est l'un des plus puissants des rongeurs présentés en consultation vétérinaire et les morsures infligées peuvent être très graves. Notons enfin que cet animal qui creuse à l'état naturel des réseaux de galeries très complexes, est doté de griffes puissantes.
Il peut éventuellement être attrapé en laissant tomber sur lui une serviette pour saisir l'ensemble du corps. Il faut ensuite placer les mains au niveau du dos, index et majeur bloquant fermement sa tête en entourant le cou, les autres doigts saisissent le thorax. L'autre main doit impérativement bloquer les pattes arrières pour éviter les ruades et donc de violentes griffades.

La contention de l'écureuil de Corée

L'écureuil de Corée est sans doute le plus rapide des petits mammifères de compagnie présentés en consultation vétérinaire. C'est un animal très « stressable » et potentiellement mordeur.

L'utilisation d'une serviette pour le saisir est souvent indispensable, mais il faut veiller à ne pas exercer de pression trop importante sur cet animal de petit gabarit. L'anesthésie gazeuse est un préalable parfois nécessaire à son examen clinique. Pour cela, on peut demander au propriétaire dès la prise de rendez-vous par téléphone de placer son écureuil, s'il peut le manipuler, dans une petite caisse de transport qui servira de cuve à induction anesthésique. Celle-ci peut ensuite être enfermée dans un sac plastique, le tuyau de l'anesthésie gazeuse étant placé à l'entrée du sac de façon à anesthésier rapidement l'animal.

La contention du furet

Le furet est un carnivore domestique et certains spécimens sont parfois mordeurs. Leur morsure est douloureuse et comparable à celle infligée par un chat mais à la différence du chat, le furet ne prévient pas avant de mordre : pas de mydriase, pas de sifflements, pas de poils hérissés, etc. Il faut donc toujours se méfier d'un furet et éventuellement demander au préalable à son propriétaire si l'animal a tendance à mordre. Soulignons également l'agilité du furet qui est un véritable « contorsionniste ».

Les furets calmes peuvent être manipulés comme cela à été décrit pour le cochon d'Inde, le rat ou le chien de prairie, c'est-à-dire index et majeur encerclant le cou, les autres doigts entourant le reste du thorax et l'autre main bloquant l'arrière de l'animal. Il faut prendre garde au dos de cet animal longiligne et soutenir le poids de son corps.

En ce qui concerne la contention d'un furet agressif ou pour la réalisation d'une injection, l'animal peut être saisi comme un chat par pincement de la peau du cou et du dos. On peut alors demander au propriétaire de soutenir l'arrière du corps de son animal de façon à éviter les griffades. Le furet ainsi maintenu a tendance à bailler.

Contention du furet calme (Figure 12)

L'index et le majeur entourent le cou de l'animal, les autres doigts encerclent le thorax. L'autre main maintient l'arrière-train de l'animal.

Contention du furet par la peau du dos et du cou (Figure 13)

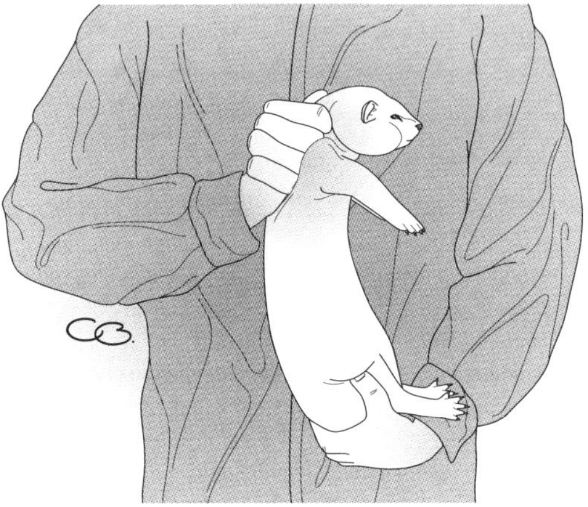

LA CONTENTION DES OISEAUX

En ce qui concerne les oiseaux, le type de contention dépend du gabarit de l'animal à manipuler. La première étape consiste à saisir l'animal dans sa cage. On peut utiliser un linge pour envelopper tout le corps de l'animal. L'oiseau, une fois sorti de sa cage, peut être placé dans les mains. Le principe général de la contention de l'oiseau vise à éviter que celui-ci ne se débatte notamment en agitant les ailes. Il faut donc maintenir celles-ci plaquées contre son corps en prenant garde de ne pas exercer de pression trop importante notamment pour les espèces de petit gabarit.

Seuls les oiseaux de grande taille ou pourvus d'un bec crochu peuvent représenter un danger pour le manipulateur. Il faut prendre garde, d'une part aux morsures et d'autre part aux griffades. Soulignons que de nombreuses espèces d'oiseaux (notamment psittacidés et sturnidés) peuvent être très bruyantes en consultation. Il convient de prévenir le propriétaire de l'oiseau préalablement à une consultation des éventuels cris que pourrait pousser son animal. Il faut aussi dans le cas des perroquets prévenir les autres vétérinaires exerçant dans les salles de consultation voisines voire même les autres clients se trouvant dans la clinique car les cris très puissants peuvent effrayer les autres animaux.

Remarquons enfin qu'un oiseau arrivant en très mauvais état général en consultation peut facilement décéder lors de sa contention même si celle-ci est réalisée dans les règles. Il faut éventuellement conseiller de prévenir le propriétaire de l'oiseau des risques (inévitables) encourus par son animal.

La contention des oiseaux de petit gabarit

La main du manipulateur va servir de « cage » pour l'animal. Elle entoure le corps de l'oiseau en maintenant ses ailes en position physiologique de repos. Il faut éviter toute pression sur l'avant du cou qui risquerait d'écraser la trachée et donc de gêner la respiration. Des mouvements des doigts permettent de dégager une à une les différentes parties du corps lors de l'examen clinique. Soulignons que pour l'examen des ailes, il ne faut pas exercer de traction sur l'extrémité des plumes ce qui risquerait de les casser ou de les arracher. L'aile doit être saisie au niveau de la dernière articulation et écartée doucement du corps.

Contention d'un petit oiseau à une main (Figure 14)

Les doigts entourent le corps de l'animal en maintenant les ailes plaquées contre le corps.

La contention des oiseaux de plus grand gabarit

Pour les oiseaux de plus grand gabarit notamment les perroquets, on peut entourer le corps de l'animal avec un linge. La tête est saisie en plaçant la main derrière la nuque de l'oiseau. Le pouce et le majeur enserrent la base de la tête et l'index repose sur le sommet du crâne. L'examen clinique de l'animal se fait en ouvrant un à un les pans de la serviette pour dégager les différentes parties du corps de l'animal.

Contention d'un perroquet enveloppé dans une serviette (Figure 15)

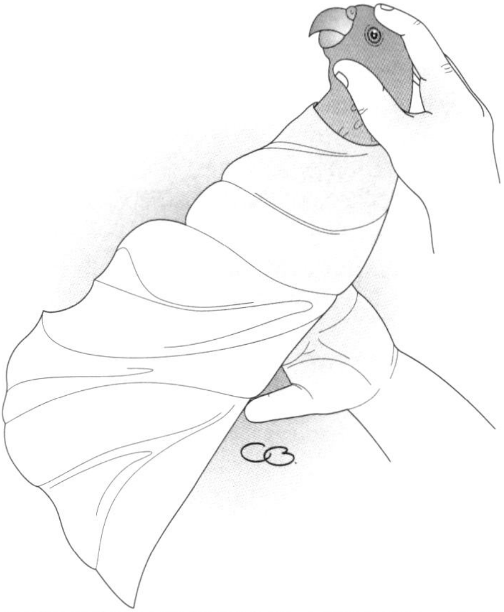

Contention d'un oiseau de grand gabarit (Figure 16)

La tête est bloquée. Les ailes sont maintenues plaquées contre le corps.

LA CONTENTION DES REPTILES

La contention des tortues

Règles de sécurité

La contention des tortues ne pose généralement pas de problème excepté pour les tortues de grand gabarit en raison de leur très grande force, et pour les espèces semi-aquatiques plus vives et ayant plus tendance à mordre que les tortues terrestres. Certaines espèces sont dangereuses et doivent être manipulées avec beaucoup de précautions : tortue hargneuse *(Chelydra serpentina),* tortue alligator *(Macroclemys temminckii).* Les principaux risques encourus pendant la contention d'une tortue sont les griffades et les morsures.

Techniques de contention

Les tortues terrestres sont tenues à deux mains de part et d'autres de la carapace. Les petites tortues semi-aquatiques sont manipulées d'une main au-dessus de la dossière afin d'éviter les griffades. Les spécimens de plus grande taille sont saisis par l'arrière de la carapace en bloquant éventuellement les membres postérieurs avec les mains. On peut également utiliser un linge pour envelopper l'arrière du corps.
Afin d'immobiliser une tortue sur la table de consultation pour son examen clinique ou pour des soins de carapace, on peut poser l'animal sur un verre doseur de croquettes retourné et de diamètre inférieur à celui du plastron.

Contention d'une tortue de terre à deux mains de part et d'autre de la carapace (Figure 17)

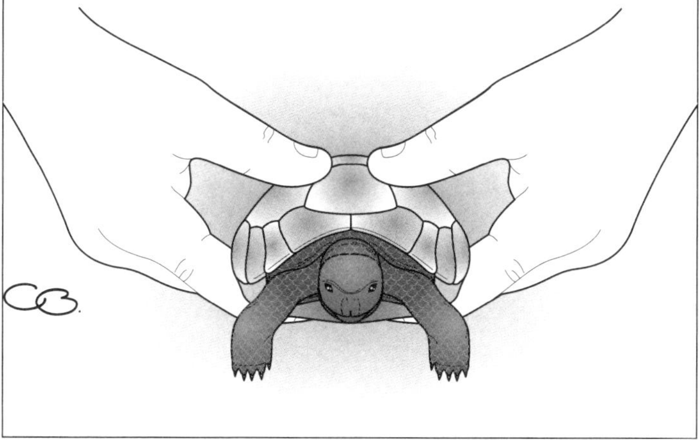

Contention d'une tortue semi-aquatique à une main placée au dessus de la dossière (Figure 18)

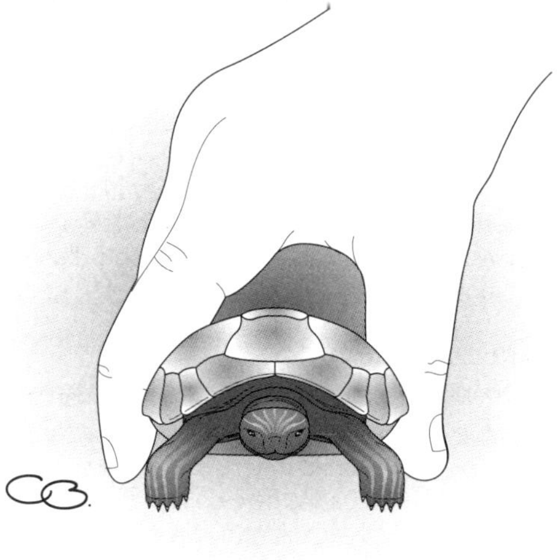

Contention d'une tortue semi-aquatique de grand gabarit en maintenant les membres postérieurs et l'arrière de la carapace (Figure 19)

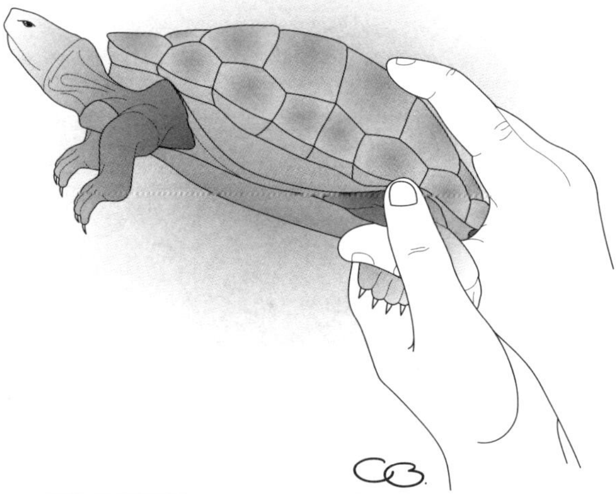

Immobilisation d'une tortue posée sur un verre doseur (Figure 20)

La contention des lézards

Règles de sécurité

Il faut se méfier de la vivacité voire de l'agressivité de certaines espèces (varan du Nil, lézard à collerette) et prendre garde non seulement aux morsures et aux coups de griffes mais aussi, pour certains grands sauriens comme l'iguane vert, aux coups de queue qu'ils utilisent comme un véritable fouet. L'utilisation d'une serviette pour couvrir puis envelopper les animaux potentiellement dangereux, est conseillée. Avant de manipuler le lézard, il faut connaître et anticiper ses réactions. Dans le cas de l'iguane, l'animal se sentant menacé adopte une posture d'intimidation. Il gonfle son corps, déploie son fanon gulaire, se dresse sur ses antérieurs, ouvre la gueule en émettant un sifflement (analogue à celui d'un chat) et se positionne de profil par rapport à son adversaire potentiel (de façon à fouetter plus facilement).

La queue peut se sectionner lorsqu'une traction trop importante est exercée sur elle (phénomène de caudectomie). Les lézards ne doivent donc pas être saisis par la queue (exceptées quelques espèces à queue préhensile et larges telles que les caméléons ou les scinques). Cette caudectomie peut être un phénomène de défense naturel, permettant au lézard de faire lâcher prise au prédateur, ou traumatique. La queue sectionnée repousse mais de couleur et de longueur différentes par rapport à celles d'une queue normale.

La saisie d'un lézard doit se faire sans compression du corps de l'animal. afin de ne pas gêner sa respiration. La respiration des reptiles repose en effet sur l'action des muscles intercostaux en raison de l'absence de diaphragme (exception faite des crocodiliens).

Techniques de contention

Les petits lézards sont maintenus à une main, membres plaquées contre le corps en direction caudale, le pouce et l'index entourant le cou du reptile. La contention des lézards de grand gabarit se pratique à deux mains. L'animal est maintenu contre le manipulateur. Une main bloque les membres antérieurs, l'autre les membres postérieurs. Les quatre membres sont plaqués contre le corps en direction caudale. La queue est immobilisée avec l'avant-bras.

Contention d'un lézard de petit gabarit (Figure 21)

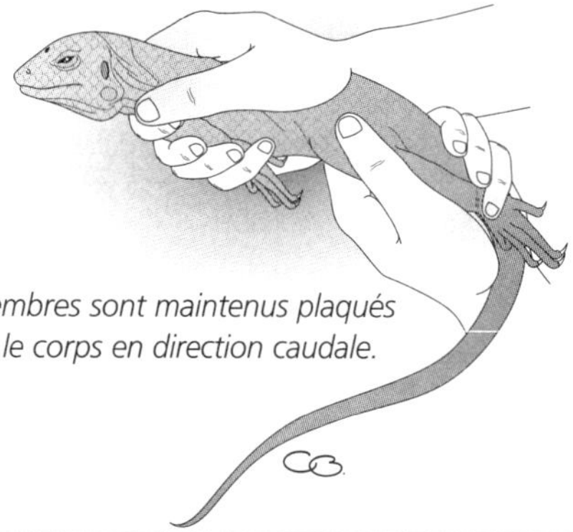

Les membres sont maintenus plaqués contre le corps en direction caudale.

Contention d'un lézard de grand gabarit (Figure 22)

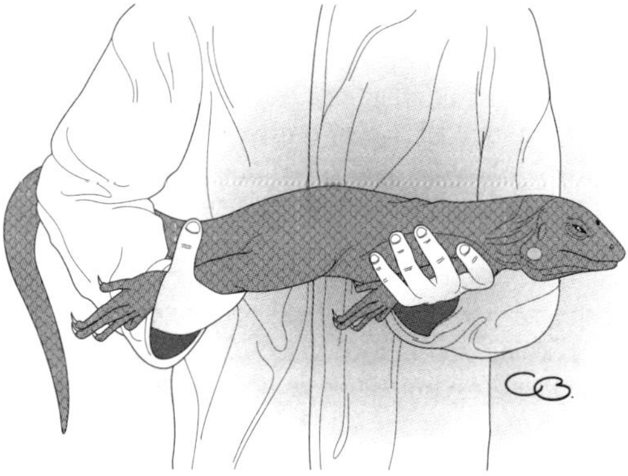

Les membres sont maintenus plaqués contre le corps en direction caudale. La queue peut être bloquée avec l'avant-bras.

La contention des serpents

Règles de sécurité

Certaines espèces de serpents sont rapides, parfois agressives, et peuvent infliger de graves morsures. Avant de mordre, le serpent positionne l'avant de son corps en S (afin de projeter la tête pour mordre) et émet des sifflements gueule ouverte. Il faut connaître, préalablement à toute manipulation, l'espèce ou la sous-espèce à manipuler car certaines ont un caractère naturellement plus agressif que les autres (exemple : python réticulé, *Morelia viridis, Boa constrictor occidentalis*). Les serpents possédés par les particuliers sont pour la plupart des espèces non venimeuses.

Deux types de morsures existent. Dans le premier cas, le serpent lâche prise immédiatement, dans le second cas, la morsure et maintenue et suivie du réflexe d'enroulement.

Il faut de plus prendre garde à la force de constriction très importante de certaines espèces (python molure par exemple) et ne pas manipuler seul les grands spécimens. Le serpent présente généralement un réflexe d'enroulement autour du bras dont il faut se méfier pour les individus de grand gabarit. La deuxième moitié de leur corps doit être maintenue par un assistant.

Il est indispensable de soutenir le corps du serpent pendant la contention pour éviter les lésions cervicales, et donc de ne pas le soulever en le saisissant par la tête.

Lors d'une morsure, les règles de sécurité suivantes sont à respecter :

- Ne pas paniquer ni gesticuler car le serpent resserrerait la prise.
- Ne pas tirer sur le cou pour faire lâcher prise à l'animal. En effet, le serpent possède plusieurs rangées de dents (dont certaines au milieu du palais) implantées en direction caudale. Ce système de harpon lui permet de maintenir sa proie et compense l'absence de membres. Ainsi, plus la personne mordue tire sur la tête, plus les dents s'enfoncent dans les chairs.
- Il est inutile d'essayer de faire mal au serpent (coup, brûlure, etc.).
- Un instrument type clamp doit être glissé entre les mâchoires de l'animal en guise de bras de levier pour « désinsérer » les dents des chairs et lui ouvrir la gueule. L'animal est ensuite déroulé.
- La plaie est abondamment désinfectée et un médecin est éventuellement consulté selon la gravité de la morsure (risque de salmonellose et d'infections diverses). Dans le cas d'un serpent venimeux, un service d'urgence doit être immédiatement contacté. La connaissance de l'espèce de serpent voire du type de venin, est un élément essentiel de la gestion de l'envenimation ophidienne.

Techniques de contention

Les animaux agressifs sont bloqués à l'aide d'un crochet à serpent ou à défaut avec un manche à balai, ou recouverts avec une blouse. La contention d'un serpent se fait à mains nues en lui immobilisant la tête entre le pouce et l'index pour les serpents de petit gabarit ou entre le pouce et le majeur (l'index appuyant légèrement sur le sommet du crâne) pour les serpents de plus grand gabarit, les autres doigts entourant la partie du corps en arrière de la tête. Le reste du corps est maintenu avec l'autre main ou par une seconde personne pour les spécimens de grande taille.

Contention d'un serpent de petit gabarit (Figure 23)

Le pouce et l'index sont placés de part et d'autre de la partie arrière de la tête. Les autres doigts entourent le corps du serpent posé dans la paume de la main. L'autre main soutient l'arrière du corps.

Contention d'un serpent de grand gabarit (Figure 24)

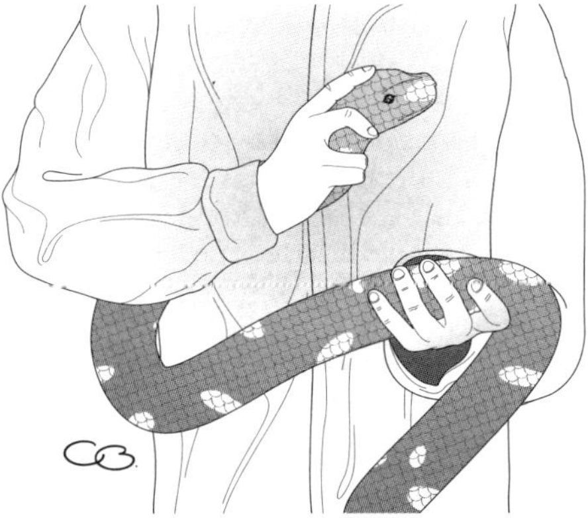

La tête est bloquée en passant le pouce et le majeur de part et d'autre en arrière de la tête et l'index sur le crâne. Les deux autres doigts entourent le corps du serpent posé dans la paume de la main. L'autre main soutient l'arrière du corps.

2

LES EXAMENS COMPLÉMENTAIRES CHEZ LES NAC

Comme pour la médecine des chiens et des chats, le recours aux examens complémentaires est souvent une nécessité pour que le praticien puisse poser un diagnostic. On rencontre plusieurs limites à la réalisation de ces examens complémentaires chez les NAC par rapport à ceux pratiqués chez les chiens et les chats.

*Tout d'abord l'***état général** *de l'animal peut parfois l'exposer à une mort brutale lors de la réalisation de l'examen clinique par un stress très important (un canari en boule très affaibli mourant lors de la réalisation d'une radiographie par exemple).*

La **taille de l'animal** *est très souvent aussi une limite notamment dans la réalisation de prélèvements sanguins. La prise de sang est délicate à pratiquer et le volume de sang récupéré est souvent insuffisant pour permettre une analyse hématologique ou biochimique.*

La **vivacité** *voire l'***agressivité** *de certains NAC obligent souvent le praticien à recourir à une anesthésie générale (si possible gazeuse) pour pratiquer certains examens complémentaires (radiographie d'un écureuil de Corée par exemple).*

Notons enfin que les **particularités anatomo-physiologiques** *des NAC conditionnent la réalisation de ces examens complémentaires, qui dans certains cas peut s'avérer quasi impossible. Le praticien doit donc baser son diagnostic sur la clinique seule.*

Bien que l'ASV ne réalise pas **les examens complémentaires,** *il doit en connaître les modalités pratiques de façon à préparer le matériel et surtout à aider au mieux le praticien en anticipant ses gestes et ses besoins et en assurant au mieux la contention.*

L'AIDE AUX PRÉLÈVEMENTS SANGUINS CHEZ LES NAC

L'utilisation de seringues à insuline et d'aiguilles de très petit calibre est recommandée. Soulignons également que la présence de noyaux dans toutes les cellules sanguines chez les oiseaux et les reptiles rend impossible le comptage hématologique par un appareillage électronique (exemple : analyseur hématologique vétérinaire). La réalisation d'une formule sanguine chez ces espèces doit se faire en laboratoire par comptage manuel sur une cellule de Malassez.

Les prélèvements sanguins chez les mammifères

Les principaux sites de prélèvements sanguins chez les petits mammifères sont la veine jugulaire chez le lapin, le cobaye et le chinchilla (l'animal est maintenu dans une serviette ou en extension) ; la veine céphalique craniale chez le lapin et le chien de prairie (l'animal est maintenu dans une serviette, une patte exteriorisée et tendue) ; la veine saphène interne chez le lapin ainsi que la veine caudale chez l'écureuil, le rat, la souris, la gerbille, le chinchilla et l'octodon (se reporter aux techniques de contention habituelles). Pour réaliser le prélèvement d'un très petit volume sanguin (comme pour la réalisation d'un frottis sanguin), la section d'une griffe est possible pour toutes les espèces sauf pour le cobaye. On peut aussi dans le cas du lapin réaliser une ponction au niveau de la veine de l'oreille.
La réalisation d'un examen biochimique et hématologique est parfois quasi impossible pour certaines espèces en raison de leur très petite taille (hamster) et le prélèvement sanguin nécessite la plupart du temps une anesthésie « flash » gazeuse de manière à éviter un stress trop important pour l'animal.

Les prélèvements sanguins chez les oiseaux

Les prélèvements sanguins chez les oiseaux doivent être réalisés avec beaucoup de précautions. En effet, ces animaux sont fragiles et « stressables ». En outre, le gabarit de beaucoup d'espèces rend la réalisation d'un examen hématologique ou biochimique quasi impossible. Seul un millilitre de sang environ peut être prélevé sur un oiseau de 100 grammes.
Les principaux sites de ponction sont la veine jugulaire droite (l'oiseau est maintenu avec le cou en extension), la veine ulnaire qui se trouve sur la face interne de l'aile distalement par rapport à l'épaule, et enfin la veine métatarsienne médiale qui longe le métatarse (l'ASV maintient l'oiseau comme exposé au chapitre contention, le praticien bloque l'aile ou la patte pour réaliser la ponction sanguine). Soulignons que dans le cas des veines ulnaire et métatarsienne médiale, un hématome peut souvent se former suite à la ponction sanguine. La veine jugulaire droite est donc le site de ponction sanguine le plus utilisé chez les oiseaux.

Les prélèvements sanguins chez les reptiles

Les prélèvements sanguins chez les tortues

Les principaux sites de prélèvements sanguins chez les tortues sont la veine jugulaire droite, la veine coccygienne dorsale (veine située au-dessus des vertèbres caudales) et le sinus veineux sous nucal (se trouvant à la jonction peau carapace à la base du cou). L'ASV doit maintenir la tortue à deux mains, en plaquant éventuellement les membres antérieurs contre la carapace en direction caudale.

Les prélèvements sanguins chez les lézards

Le principal site de prélèvements sanguins chez les lézards est la veine ventrale coccygienne c'est-à-dire la veine longeant les vertèbres caudales sur leur face ventrale. L'ASV maintient le lézard membres plaqués contre le corps et en position verticale, le praticien maintient la queue de l'animal et réalise la prise de sang. Notons que la ponction ne doit pas être réalisée trop près du cloaque au risque de léser les hémipénis chez les mâles.

Les prélèvements sanguins chez les serpents

La technique est analogue à celle qui est réalisée chez les lézards. L'ASV maintient le serpent comme exposé précédemment en orientant sa face ventrale vers le vétérinaire. Le praticien peut aussi réaliser une prise de sang dans le cœur.

L'IMAGERIE MÉDICALE ET L'ENDOSCOPIE CHEZ LES NAC

L'anesthésie peut s'avérer nécessaire pour la réalisation de ces examens. L'ASV a pour rôle d'aider le praticien pour rendre ces examens les plus rapides possibles (et donc les moins stressants), de limiter les risques de blessures (bonne contention) et d'appliquer les règles de radioprotection.
Le recours à la radiographie est très intéressant pour la recherche de fractures ou malformations osseuses, de calculs urinaires, d'infections respiratoires ou dentaires, de goutte viscérale ou articulaire, de rétention d'œufs, ou pour un examen complémentaire de l'appareil digestif.
L'échographie est un examen complémentaire intéressant pour la recherche de masses abdominales, de dystocies, de malformation cardiaque (furet) et pour le diagnostic de gestation.
L'endoscopie est un examen complémentaire intéressant pour la visualisation de l'intérieur de la cavité corporelle notamment des reptiles et des oiseaux (coelioscopie), pour l'examen de l'intérieur de tube digestif lorsque la taille de l'animal l'autorise et pour le sexage de certaines espèces d'oiseaux ou de reptiles.
D'autres examens complémentaires comme le scanner et l'IRM, bien que rarement proposés pour les NAC, pourraient s'avérer fort intéressants à l'avenir (examen de la boîte crânienne des oiseaux lors d'infections des sinus par exemple).

AUTRES EXAMENS COMPLÉMENTAIRES CHEZ LES NAC

L'ASV doit connaître l'existence de ces examens de façon à préparer rapidement, à la demande du praticien, le matériel nécessaire à leur réalisation et les documents nécessaires à leur envoi éventuel en laboratoire (formulaires d'envoi, coordonnées des laboratoires, etc.).

Les examens complémentaires en dermatologie

La lumière de Wood, les raclages cutanés, le scotch test ou la biopsie cutanée sont des examens complémentaires utilisables chez les NAC. Ils sont tout particulièrement intéressants chez les petits mammifères, qui sont les principaux NAC rencontrés en consultation vétérinaire pour des affections dermatologiques. On constate en effet très fréquemment chez ces espèces des cas de teigne et de gales. Pour les espèces très vives et « stressables », une anesthésie « flash » peut parfois s'avérer nécessaire.

L'examen coprologique

La recherche de parasites dans les selles d'un animal est conseillée notamment suite à l'acquisition d'un animal capturé à l'état sauvage ou préalablement à l'introduction d'un animal au sein d'une collection. C'est surtout le cas pour les reptiles et les oiseaux.

L'examen bactériologique

Cet examen est nécessaire lors de l'échec d'un traitement antibiotique. Les examens bactériologiques sont pratiqués le plus souvent par prélèvement de pus dans un abcès, par écouvillonnage des voies nasales ainsi que sur raclage cutané.

L'examen mycologique

La recherche de champignons, en dehors des cas d'affections dermatologiques (teigne notamment chez les petits mammifères), présente de l'intérêt essentiellement dans les affections respiratoires chez les oiseaux.

L'examen histologique

L'analyse histologique est conseillée après toute exérèse de masse chez les petits mammifères. Cet examen présente les mêmes intérêts que chez les chiens et les chats, c'est-à-dire la connaissance de la nature exacte de la masse retirée ainsi que la possibilité pour le praticien d'établir un pronostic. Ce dernier point est très important car le faible nombre de cas répertoriés chez les NAC rend souvent difficile l'établissement d'un pronostic sur la simple observation clinique d'une masse.

L'ECG (électrocardiographie)

Cet examen complémentaire présente pour principale limite le gabarit de l'animal. Il est en effet impossible à réaliser sur des espèces de très petite taille comme le hamster ou le canari. Le recours à l'ECG se limite donc aux NAC de « grande taille » comme le furet, les grands lézards et les oiseaux.

Les analyses urinaires

Elles sont principalement constituées par la bandelette urinaire et l'examen cytobactériologique des urines (ECBU). L'observation des urines est tout particulièrement intéressante chez les petits mammifères car un motif d'appel fréquemment rencontré en clinique est l'aspect rouge de leurs urines. Pour cela, on peut prélever des urines directement sur l'animal ou en récupérer dans sa cage (l'ASV peut conseiller au propriétaire, lors de la prise de rendez-vous téléphonique motivée par des symptômes urinaires, d'essayer de recueillir des urines dans la cage). Le prélèvement est centrifugé pour distinguer la présence de sang (dépôt des cellules sanguines au fond du tube) d'une coloration des urines par un pigment (urines restant teintées uniformément).

L'examen ophtalmologique

Les différents tests utilisés pour les carnivores domestiques peuvent être mis à profit pour la médecine des NAC avec comme limite la taille du globe oculaire ou leurs particularités anatomo-physiologiques comme l'absence de paupière chez les serpents et quelques espèces de lézards. Le matériel utilisé est analogue à celui qui est utilisé pour les carnivores domestiques : bandelettes pour les tests de Schirmer, fluorescéine, ophtalmoscope, etc.

L'autopsie

L'autopsie est à conseiller de façon systématique lors du décès d'un animal appartenant à une collectivité d'animaux. Le but de l'autopsie est de déterminer si les causes de décès de l'animal présentent un risque pour les autres animaux possédés. L'ASV doit conseiller au propriétaire de manipuler l'animal mort avec des gants, de le placer dans un sac étanche et de l'apporter à la clinique dans les meilleurs délais (ou de le conserver au réfrigérateur, sans le congeler, s'il ne peut se déplacer rapidement).

LES TRAITEMENTS ET LA PRÉVENTION CHEZ LES NAC

Les traitements et la prévention chez les NAC posent de nombreux problèmes en raison de leurs particularités anatomiques et physiologiques, de leur gabarit, de la formulation des médicaments et des difficultés d'administration.

LES MÉDICAMENTS UTILISABLES ET LE CHOIX DES POSOLOGIES PAR LE PRATICIEN

Le vétérinaire praticien désireux de soigner un NAC est souvent confronté à un problème majeur : l'absence d'**AMM (Autorisation de Mise sur le Marché)** des médicaments pour leur utilisation chez les NAC. Le nombre de médicaments spécifiquement formulés pour les NAC est infime comparativement aux gammes disponibles pour les chiens, chats et animaux de rente. Il n'existe par exemple aucun antibiotique avec AMM pour les reptiles en France. Les oiseaux sont les NAC qui bénéficient du plus grand nombre de médicaments avec AMM. Le praticien a à sa disposition des gammes spécifiquement conçues pour les pigeons et des gammes fermières facilement utilisables pour les oiseaux de cage et de volière.
Lors d'absence de médicaments avec AMM pour la thérapeutique d'une pathologie d'une espèce donnée, le praticien se voit obligé d'utiliser un médicament non conçu au départ pour les NAC (non étudié sur ces animaux, de formulation inadaptée, etc.). Il travaille donc hors AMM c'est-à-dire sous sa propre responsabilité. Ces médicaments présentent en outre un problème de formulation car ils sont conçus le plus souvent pour des animaux de plus grand gabarit et il est nécessaire de les fractionner, voire de les reformuler. Le praticien doit s'aider de posologies rapportées dans des articles et ouvrages de référence sur les NAC.
Le métabolisme de base des rongeurs et lagomorphes de compagnie est plus élevé que celui des carnivores domestiques d'où des **posologies** et des

fréquences d'administration généralement supérieures à celles qui sont utilisées pour ces derniers. Une **pesée** de l'animal est indispensable. Le calcul d'une posologie basée sur le poids estimé d'un animal peut être à l'origine d'un surdosage potentiellement grave pour l'animal ou à un sous-dosage rendant le traitement inefficace.

De nombreuses molécules classiquement utilisées chez les carnivores domestiques ou les animaux de rente peuvent s'avérer toxiques chez les NAC. On peut par exemple noter la toxicité pour les rongeurs et lagomorphes de nombreux antibiotiques ainsi que de l'amitraz (acaricide) et de la procaïne (anesthésique local). Les contre-indications de nombreuses molécules et l'absence de posologies rendent l'automédication, par les particuliers, très dangereuse pour les NAC. L'ASV doit donc toujours dissuader un particulier de la pratiquer sans avis médical.

La durée du traitement doit être définie avec précaution. Une antibiothérapie trop longue chez les rongeurs et lagomorphes de compagnie peut être à l'origine d'une perturbation de la flore bactérienne digestive (entérotoxicité) potentiellement grave. L'eau doit être en permanence à disposition de l'animal pendant le traitement (risque de toxicité rénale de certaines molécules).

Les agents infectieux ou parasitaires rencontrés chez les NAC sont souvent plus rares et plus « exotiques » que ceux qui sont rencontrés chez les chiens et les chats. Les molécules classiquement utilisées dans la lutte contre les infections et le parasitisme chez les chiens et les chats peuvent donc parfois s'avérer inadaptées chez ces espèces d'origines géographiques variées. L'établissement d'un antibiogramme et le recours à la coprologie présentent donc un intérêt majeur dans la thérapeutique des NAC.

L'une des originalités de l'approche clinique des NAC par rapport à celle des chiens et chats est de parfois devoir aborder un effectif important (volières, collection de reptiles, etc.). Le vétérinaire doit donc trouver des formulations adaptées pour le traitement d'un groupe d'animaux. Un traitement de l'environnement peut aussi être envisagé.

LES VOIES D'ADMINISTRATION

La taille de l'animal ainsi que le nombre d'animaux à traiter (volières) sont souvent des barrières techniques pour le traitement des NAC.

Bien que l'ASV ne réalise pas les injections, il doit en connaître les modalités pratiques de façon à préparer le matériel et surtout à aider au mieux le praticien en anticipant ses gestes et ses besoins et en assurant au mieux la contention.

La voie orale

C'est à la fois la meilleure et la pire des voies d'administration.

Un médicament placé dans l'eau de biberon d'un animal permet d'éviter sa manipulation pour une administration forcée, et donc limite le stress

voire le risque de blessures (pour le manipulateur comme pour l'animal) ou de décès par un stress trop intense. Certains animaux s'avèrent en effet très difficile à attraper et à manipuler pour le vétérinaire comme pour le propriétaire (chien de prairie, écureuil de Corée, grand perroquet vivant en volière, serpents venimeux, tortues de grand gabarit et de nature agressive comme la tortue alligator, etc.).
La limite de cette voie d'administration est la quantité de boisson contenant du médicament réellement absorbée par l'animal : celui-ci a-t-il bu la quantité lui permettant d'atteindre une dose thérapeutique ? L'administration de médicaments dans l'eau de boisson expose donc l'animal à des sous ou sur dosages tous deux lourds de conséquences.
C'est pourquoi, la forme optimale d'administration de médicaments par voie orale repose sur une administration forcée de la dose directement dans la gueule de l'animal. Pour les petits mammifères, l'ASV peut expliquer au propriétaire la technique de contention dans une serviette. L'embout des seringues de produits à administrer ou les comprimés sont glissés en arrière des incisives dans l'espace laissé par l'absence de canines.
Dans le cas des oiseaux ou des reptiles, un gavage à l'aide d'une sonde est conseillé. Rappelons que chez les reptiles, la présence d'un orifice trachéal très antérieur dans la cavité buccale permet un sondage oro-gastrique aisé de par l'absence de croisement des voies respiratoires et digestives au fond de la gorge de l'animal. Les risques de fausses-routes sont donc quasiment nuls. Le corps du reptile est maintenu verticalement par l'ASV. Le vétérinaire maintient la gueule de l'animal ouverte à l'aide d'un pas d'âne adapté ou d'un clamp et glisse une sonde oro-gastrique (utilisation de sondes urinaires pour chats ou pour chiens selon la taille de l'animal) au fond de la gueule pour ensuite injecter le médicament rendu sous forme liquide.

Les injections sous-cutanées

L'ASV maintient l'animal de façon à ce que le praticien réalise l'injection au niveau de la ligne du dos chez les petits mammifères, sur la face interne des cuisses ou entre les deux épaules chez les oiseaux. La voie sous-cutanée est quasiment inutilisée chez les reptiles en raison de l'absence de graisse sous-cutanée et de l'adhérence de la peau à la paroi musculaire.

Les injections intramusculaires

Elles sont très délicates et douloureuses chez de nombreuses espèces en raison de leur petit gabarit (hamster, gerbille, etc.). Chez les petits mammifères, les injections intramusculaires sont réalisées dans les muscles de la cuisse. Elles se réalisent dans les muscles pectoraux chez les oiseaux, dans les muscles des membres antérieurs chez les lézards et les tortues,et dans les muscles longeant la colonne vertébrale dans le premier tiers du corps chez les serpents. L'ASV réalise la contention de façon classique comme exposé précédemment.

Les injections intraveineuses

Elles sont assez rarement utilisées chez les NAC en raison de leur faible gabarit ou de la difficulté pour aborder les veines (se reporter au chapitre sur les prélèvements sanguins).

La voie d'administration intra-osseuse

C'est un bon substitut de la voie intraveineuse pour la réhydratation chez plusieurs espèces de NAC. Elle est conseillée chez les grands oiseaux (grands perroquets) dans l'ulna ou dans le tibia ainsi que chez les lézards dans le tibia ou dans le fémur. On peut utiliser une aiguille hypodermique laissée éventuellement en place (fixée par un sparadrap et « fermée » par un bouchon de cathéter). La bonne mise en place de l'aiguille dans l'os peut être contrôlée par un cliché radiographique. Une anesthésie flash peut être nécessaire. L'ASV maintient l'animal contre la table.

Les inhalations

Elles sont utilisées pour traiter les infections respiratoires chez tous les NAC. L'animal est confiné dans une cuve en Plexiglas (exemple caisse de transport pour petit mammifère) recouverte d'une serviette ou d'un sac. L'appareil d'inhalation est ainsi placé hors de portée de l'animal.

La voie cutanée ou percutanée

Elle est utilisée principalement pour l'administration d'anti-parasitaires externes.

Les injections intra-péritonéales ou intra-coelomiques

Ces injections sont réalisées directement dans la cavité corporelle de l'animal. Elles sont faites au niveau de la face ventrale de l'abdomen sur la ligne blanche chez les petits mammifères. L'ASV peut maintenir l'animal sur le dos ou verticalement contre son corps. Cette voie d'administration est à éviter chez les oiseaux en raison d'un risque de perforation des sacs aériens. Elles sont réalisées chez les tortues en avant des membres postérieurs (l'ASV bloque la tortue contre la table et met un membre postérieur en extension) et chez les lézards sur la face ventrale de l'abdomen, décalées par rapport à la ligne médiane afin d'éviter tout risque de perforation de la veine ventrale abdominale (l'ASV peut maintenir le lézard verticalement, sa face ventrale orientée vers le praticien). Cette voie d'administration est peu utilisée chez les serpents.

LA DÉLIVRANCE DES MÉDICAMENTS

Comme pour les chiens et chats, l'ASV doit refuser toute délivrance de médicaments non prescrits par le vétérinaire. Outre les justifications habituellement données dans les cas de refus de délivrance de

médicaments sans prescription médicale chez les chiens et les chats (aspect illégal, etc.), l'ASV doit mettre en avant les particularités des NAC et la dangerosité d'une automédication (contre-indications de nombreuses molécules, pathologie spécifique, posologies différentes de celles du chien et du chat, etc.).
La délivrance de médicaments pour des NAC doit s'accompagner d'un plus grand nombre d'explications que pour celle de médicaments destinés aux chiens et aux chats. Les techniques d'administration sont en effet plus délicates chez ces espèces de petit gabarit et souvent très vives. L'ASV doit donc donner de plus amples renseignements sur leur mode de contention et les voies d'administration. Des conseils relatifs à la conservation des médicaments doivent aussi être donnés : conservation à l'abri de la lumière des médicaments injectables donnés en seringues et des compléments vitaminés, etc.

LES VACCINATIONS

Les NAC sont relativement peu présentés en consultation pour les vaccinations. Les deux principales espèces concernées sont le lapin et le furet. Chez le lapin, les vaccinations à effectuer sont celle contre la myxomatose et celle contre la maladie hémorragique virale (VHD). Chez le furet, les vaccinations à proposer sont celles contre la maladie de Carré et contre la rage. Rappelons que le furet est un carnivore domestique et que sa vaccination antirabique doit donner lieu à l'établissement d'un certificat de vaccination antirabique analogue à celui réalisé lors de la vaccination d'un chien ou d'un chat. Lorsque la vaccination antirabique est obligatoire, l'identification préalable de l'animal est également indispensable. Il est à noter qu'en France, il n'existe pas de vaccin avec AMM pour furet présentant une valence unique contre la maladie de Carré (contrairement aux États-Unis). Le vétérinaire utilise donc des vaccins polyvalents et vaccine le furet contre des maladies auxquelles il n'est pas sensible (hépatite de Rubarth, voire parvovirose selon les vaccins à disposition du praticien).
Les protocoles de vaccinations et la fréquence des rappels peuvent dépendre du contexte épidémiologique (lapin en zone urbaine vivant seul ou à la campagne en collectivité, etc.).

AIDE À LA CHIRURGIE, À L'ANESTHÉSIE ET À L'HOSPITALISATION DES NAC

Beaucoup de propriétaires d'animaux pensent à tort qu'un NAC est plus fragile qu'un chien ou un chat en ce qui concerne les interventions chirurgicales. En fait, il y a plus de paramètres à gérer pour leur anesthésie (hypothermie, techniques d'induction, métabolisme, réveil, etc.). Ce chapitre a pour but de présenter les particularités des NAC relatives à leur anesthésie et aux techniques opératoires de façon à sécuriser au maximum leur approche en chirurgie.

LES PRINCIPALES INTERVENTIONS CHIRURGICALES SUR LES NAC

La fréquence de certaines interventions chirurgicales chez les NAC est plus importante que chez les chiens ou les chats en raison de leurs particularités anatomiques et physiologiques (fréquence des extractions dentaires chez les rongeurs et lagomorphes, fréquence des tumeurs mammaires chez les rats, prédisposition des furets aux tumeurs surrénaliennes par rapport aux autres espèces, etc.). Les principales interventions chirurgicales rencontrées chez les NAC sont décrites ci-après.

Chirurgie de convenance

La stérilisation des petits mammifères est une demande fréquente de la clientèle en raison de la reproduction rapide et fréquente de beaucoup d'espèces. La stérilisation de tous les individus de même sexe au sein d'un groupe d'animaux permet une gestion simple de la reproduction. La stérilisation est aussi une méthode de prévention notamment de l'agressivité à la puberté (chien de prairie) ou chez certaines espèces gravides (lapines), des tumeurs utérines (lapines), du marquage urinaire et des grossesses nerveuses. La stérilisation des femelles semblerait également diminuer, selon certaines études, l'incidence des tumeurs mammaires notamment chez la rate.

Notons que l'exérèse des glandes anales a longtemps été considérée comme une chirurgie de convenance chez le furet, dans le but d'atténuer son odeur corporelle. Elle est actuellement remise en cause. En effet, le furet, contrairement à sa cousine la mouffette, est incapable de projeter le contenu de ses glandes, dont la vidange se fait de façon ponctuelle (notamment sous l'effet d'un stress). L'exérèse systématique ne rend donc pas un furet moins odorant (la castration est, quant à elle, intéressante dans cette optique). Cette chirurgie n'est donc plus à proposer en chirurgie de convenance chez le furet,mais doit être réservée à des cas pathologiques diagnostiqués par le praticien.

Le traitement des malocclusions dentaires et des abcès dentaires

Les rongeurs et lagomorphes de compagnie sont prédisposés aux atteintes dentaires en raison de la pousse continue de leurs dents ainsi que de la taille importante des racines dentaires chez ces animaux.

L'exérèse de tumeurs

On rencontre essentiellement des tumeurs mammaires chez la rate et la souris, et des tumeurs cutanées et surrénaliennes chez le furet.

Les parages de plaies et débridements d'abcès

Les blessures et les combats sont assez fréquents chez les NAC. Le pus des rongeurs et lagomorphes de compagnie, des oiseaux, et des reptiles a une consistance très épaisse. Le débridement des abcès doit impérativement passer par la chirurgie.

Les autres chirurgies

De l'appareil uro-génital (par exemple : pyomètre, métrite, kystes ovariens, tumeurs utérines, césariennes, paraphimosis, rétentions d'œufs, calculs urinaires, etc.), **orthopédique** (fractures), **de l'appareil digestif** (corps étrangers, prolapsus du colon, etc.).

En dehors des interventions chirurgicales citées, de nombreux autres motifs d'anesthésie générale des NAC existent : prélèvements (prises de sang, sondages urinaires, lavage trachéal chez un serpent, etc.), pose de cathéter/perfusion, radiographie, échographie, endoscopie, pose d'une puce électronique, mise en place d'un Robert Jones, ou simple examen clinique pour des espèces très vives ou agressives (exemple : écureuil de Corée).

LES PARTICULARITES DE L'ANESTHÉSIE DES NAC

Deux types principaux d'anesthésie sont possibles : l'anesthésie fixe par injection et l'anesthésie gazeuse par inhalation de gaz. Dans le cas des NAC, cette dernière s'avère plus sécurisée et plus facile à gérer avec un réveil bien plus rapide. Elle est utilisable pour tout type d'intervention chirurgicale ou d'examens complémentaires excepté pour les interventions se déroulant sur la gueule de l'animal. Le vétérinaire peut évaluer le risque anesthésique tout comme chez les chiens et les chats en fonction de différents paramètres (état général, embonpoint, déshydratation, résultats d'analyses biochimiques, etc.).

L'anesthésie fixe

La pesée de l'animal est indispensable pour le calcul précis de la dose anesthésique. Il serait dangereux d'évaluer de manière approximative le gabarit de ces petits animaux pour calculer une dose anesthésique qui pourrait s'avérer trop forte. La voie d'administration de l'anesthésique (intraveineuse, intramusculaire, intrapéritonéale, intracoelomique, intracardiaque) est choisie par le vétérinaire en fonction du type et du volume de l'anesthésique utilisé ainsi que du gabarit de l'animal.

L'anesthésie gazeuse

Son induction se fait au moyen d'un masque anesthésique placé sur l'avant de la tête de l'animal ou grâce à une **cuve à induction** aussi appelée boîte à narcose.

Si la clinique ne possède pas cet équipement, il est possible d'utiliser une petite cage pour rongeurs en Plexiglas dans laquelle est mis l'animal à anesthésier. La cage est ensuite placée dans un sac et le tuyau d'arrivée des gaz maintenu à l'entrée du sac au moyen d'un ruban adhésif. Il est aussi possible pour des animaux de petit gabarit d'utiliser pour leur induction gazeuse un grand masque pour anesthésie de chien. L'animal est posé sur la table, le masque retourné sur lui.

Le maintien de l'anesthésie s'effectue en utilisant un petit masque placé sur la tête de l'animal. On peut aussi utiliser un gant pour examen clinique. Pour cela, on coupe un doigt du gant pour insérer le tuyau d'arrivée des gaz puis on recouvre avec la partie la plus large la tête de l'animal. On utilise une bande adhésive au niveau de son cou pour éviter les fuites de gaz.

L'intubation des NAC est possible, elle est fonction du gabarit de l'animal.

Le **réveil** suite à une anesthésie gazeuse est rapide, il faut donc replacer l'animal dans la cage de réveil dès l'apparition des premiers mouvements. Dans le cas du lapin, il faut notamment prendre garde à la panique de l'animal qui peut effectuer de violentes ruades à l'origine de lésions vertébrales parfois graves.

NB : l'anesthésie locale n'est généralement pas utilisée chez les NAC, car toxique pour les rongeurs et lagomorphes de compagnie ainsi que chez les oiseaux. La grande vivacité et le caractère « stressable » de la plupart des NAC rendent souvent impossible un soin sous simple anesthésie locale. Notons enfin que les oiseaux et les reptiles possèdent une sensibilité cutanée moindre par rapport à celle des mammifères et qu'une anesthésie locale s'avère souvent inutile pour des soins locaux de courte durée.

L'anesthésie physique des reptiles

Il est possible chez les reptiles d'utiliser deux types d'anesthésie « physique » :

- La **catalepsie** est un phénomène par lequel certains lézards (agames aquatiques, iguane vert) s'immobilisent quand ils sont maintenus sur le dos dans le creux de la main. Cette technique permet de faire des soins rapides sur la face ventrale.
- La stimulation du **réflexe vagal** consiste à maintenir une pression constante pendant quelques secondes sur les yeux. Cette pression est à l'origine d'une baisse de fréquence cardiaque et donc d'une tranquillisation de l'animal.

LA GESTION DU PATIENT AVANT LA CHIRURGIE

La gestion du patient avant la chirurgie repose sur deux points essentiels : son **maintien au calme** et le respect éventuel d'une **diète préopératoire**.

Le lapin est un animal incapable de vomir. Une diète hydrique de 2 à 4 heures est donc suffisante (ainsi que pour le cobaye et les sciuromorphes). Cette diète peut être portée à 6/12 heures si l'intervention chirurgicale comporte une laparotomie, ce qui permet de diminuer le volume du tube digestif qui gêne ainsi moins le praticien. Une diète opératoire est inutile chez les myomorphes.

Le furet est un animal au transit digestif très rapide (3 à 4 heures). Une diète préopératoire de quelques heures seulement est donc suffisante. Une diète trop longue chez cette espèce peut être à l'origine d'hypoglycémie au cours de l'intervention.

La diète préopératoire n'est pas indispensable dans le cas des oiseaux. Elle peut aller jusqu'à 3 heures avant l'intervention et ne doit en aucun cas excéder 6 heures pour les aliments et 1 heure pour l'eau de boisson.

En ce qui concerne les reptiles, une diète préopératoire de 18 heures peut être respectée dans le cas des tortues et lézards. Elle est de 3 à 4 jours dans le cas des serpents.

LE MATÉRIEL CHIRURGICAL

Le matériel utilisé en chirurgie chez les NAC est analogue à celui qui est utilisé chez les chiens et les chats. Le gabarit parfois faible du NAC impose l'utilisation d'un petit matériel (exemple : matériel d'ophtalmologie). Il existe aussi sur le marché un équipement qui peut aider le praticien au cours d'une intervention chirurgicale : écarteurs à joues, pas d'âne pour rongeurs et lagomorphes, matériel de contention pour la tête des rongeurs et lagomorphes pour la chirurgie dentaire, etc.

LA GESTION DU PATIENT PENDANT L'INTERVENTION CHIRURGICALE

L'un des principaux risques chez les NAC lors d'une intervention chirurgicale est l'**hypothermie.** L'animal doit donc être isolé de la table de chirurgie au moyen d'alèses ou d'un tapis chauffant. L'utilisation de bouillottes est conseillée. Elles peuvent être confectionnées en utilisant des gants en latex pour examen clinique que l'on remplit d'eau tiède et que l'on ferme comme un ballon de baudruche. Il est aussi essentiel de réchauffer les solutés avant la mise en place de la perfusion. Il faut éviter l'utilisation d'alcool qui refroidit facilement le corps.

L'animal doit être maintenu immobile sur la table de chirurgie. On utilise pour cela des cordelettes ou des bandes adhésives. Il faut éviter pour les petits mammifères d'écarter les membres latéralement. Par exemple chez le lapin placé en décubitus dorsal, les membres postérieurs doivent être étendus en direction caudale sous peine de fractures.

Les NAC, tout comme les chiens et les chats, dorment les yeux ouverts. Lors d'une anesthésie, on peut humidifier la cornée lors de l'intervention pour éviter les kératites par sécheresse oculaire, par exemple à l'aide de larmes artificielles sous forme de gel. Notons que des cas de cataractes induites par l'anesthésie sont parfois notés chez de nombreux rongeurs (rat notamment). L'anesthésie est en effet à l'origine d'une évaporation et de modifications osmotiques de l'humeur aqueuse d'où une opacification du cristallin antérieur. Ce phénomène est totalement réversible au réveil de l'animal.

Une surveillance des principaux paramètres vitaux de l'animal peut éventuellement être mise en place (électrocardiogramme, système d'alerte se déclenchant en cas d'apnée prolongée, etc.).

L'évaluation de la profondeur de l'anesthésie chez les petits mammifères de compagnie se fait de la même façon que chez le chien ou le chat (réflexe cornéen, réflexe anal, temps de recoloration capillaire, etc.).

L'évaluation de la profondeur de l'anesthésie chez l'oiseau se fait par contrôle du réflexe cornéen, réaction à la piqûre des cires, réflexe cloacal, tonus du bec, et rétraction des pattes lors du pincement des doigts.

L'évaluation de la profondeur de l'anesthésie chez les reptiles se fait dans le cas de la tortue et du lézard par le contrôle du réflexe de retournement, du réflexe de réponse à la douleur et du réflexe cornéen. Dans le cas des serpents, l'animal étant dépourvu de cornée et de membres, seuls les réflexes de réponse à la douleur, de retrait de la langue, de redressement de la tête et de retournement de l'animal placé sur le dos sont utilisables.

LA GESTION DU PATIENT EN POST-OPÉRATOIRE

Les NAC doivent être maintenus à une température relativement élevée après une intervention chirurgicale (30 à 32°C). L'idéal est l'utilisation d'une couveuse ou d'un incubateur pédiatrique. On peut aussi placer l'animal sous lampe infrarouge ou au contact de bouillottes. La température ambiante est ensuite progressivement abaissée à 25°C pour les petits mammifères.
La réhydratation et la perfusion sont éventuellement poursuivies. Elles permettent notamment dans le cas d'une anesthésie fixe l'élimination plus rapide des anesthésiques.
Les mammifères de compagnie sont placés sur une litière propre et au calme. L'alimentation est proposée le jour même dans le cas des myomorphes et le lendemain pour les caviomorphes, sciuromorphes et lagomorphes. Seul du foin et de l'eau sont mis à disposition. Dans le cas du furet, l'alimentation est proposée selon l'appréciation du vétérinaire le soir même ou le lendemain de l'intervention chirurgicale. Les reptiles sont placés dans un terrarium d'hospitalisation dont la température est fixée selon les besoins physiologiques de l'espèce concernée.
Une analgésie (thérapeutique anti-douleur) peut être instaurée par le vétérinaire durant et après l'anesthésie générale.

L'HOSPITALISATION DES NAC

L'hospitalisation des NAC est parfois nécessaire, principalement suite à une intervention chirurgicale ou suite à une urgence (se référer aux chapitres correspondants). Les conditions générales d'hospitalisation d'un NAC sont analogues à celles de son accueil en clinique exposées précédemment (calme, pas d'écart de température, pas de courants d'air, etc.). Si la clinique n'est pas équipée, il est possible de demander au propriétaire d'apporter la cage de son animal de façon à pouvoir l'y hospitaliser.
Tout comme dans la salle de consultation, la proximité entre un NAC et un chien ou un chat peut être à l'origine d'un stress important, il est donc conseillé, si cela est possible, de placer la cage du NAC dans une pièce calme (bureau, salle de repos) si le chenil est occupé par exemple par plusieurs chiens aboyant constamment. L'équipement de la cage doit être le plus simple possible de façon à en faciliter l'entretien. Dans le cas des rongeurs et lagomorphes une litière et du foin constituent le fond de la cage et un biberon rempli d'eau est changé régulièrement. Il est conseillé de demander au propriétaire d'amener les aliments habituels de son animal, s'ils sont adaptés, de façon à ce que celui-ci ne fasse pas l'objet d'un changement alimentaire brutal.
L'hospitalisation des reptiles est la plus complexe. Comme nous l'avons vu dans le chapitre correspondant, les reptiles ont des exigences nombreuses quant à leur maintien en captivité (température, hygrométrie, etc.). Leur

hospitalisation, surtout en ce qui concerne les lézards et serpents, peut nécessiter l'acquisition d'un matériel adapté ou l'emprunt de cet équipement au propriétaire de l'animal (terrarium, système de chauffage et d'éclairage, etc.). Le terrarium d'hospitalisation ne doit pas comprendre de décor. Le fond peut être laissé sans substrat et seul un récipient d'eau est mis en place (sauf lors de lésions cutanées). Le contrôle des paramètres d'ambiance pendant l'hospitalisation est un impératif. Une température trop forte peut être à l'origine d'une déshydratation de l'animal. Une température trop faible peut affaiblir son système immunitaire, entraîner une mauvaise assimilation, diffusion, action et élimination des médicaments et donc un échec du traitement voire une aggravation des symptômes.

5

Les urgences chez les NAC

Beaucoup d'urgences rencontrées chez les NAC sont analogues à celles qui sont rencontrées classiquement chez les chiens et les chats. Cependant, les particularités de leur maintien en captivité, de leur anatomie, de leur physiologie et de leur comportement sont à l'origine d'urgences qui leur sont propres (exemple : malocclusion dentaire chez les rongeurs et lagomorphes, rétention d'œufs chez les oiseaux, brûlure d'un serpent sur une lampe chauffante de terrarium, etc.).

LES PRINCIPALES URGENCES ET SIGNES D'ALERTE CHEZ LES MAMMIFÈRES

- Abattement, anorexie.
- Diarrhée aiguë, ptyalisme (animal qui bave), météorisation (abdomen gonflé par la présence de gaz en excès dans l'estomac ou l'intestin).
- État de choc (combats, etc.), hypothermie, hyperthermie.
- Chute, membres fracturés, saignements, fractures dentaires.
- Dyspnée (difficultés respiratoires).
- Strangurie (difficultés à uriner), anurie (impossibilité d'uriner), suspicion de calculs urinaires.
- Pertes vulvaires, dystocie (difficultés à la mise bas), paraphimosis (pénis ne pouvant revenir en position de repos).
- Décubitus, tremblements, convulsions, torticolis, perte d'équilibre.
- Myases cutanées (présence d'asticots suite à une ponte de mouche sur une plaie par exemple).
- Œil rouge, ulcères cornéens, exophtalmie (œil semblant sortir de son orbite).

LES PRINCIPALES URGENCES ET SIGNES D'ALERTE CHEZ LES OISEAUX

- Oiseau en boule, au bas de la cage, ne pouvant plus voler.
- Fractures, chutes, polytraumatismes.

- Tremblements, convulsions.
- Diarrhées aiguës.
- Rétention d'œufs (abattement, mouvements de queue anormaux, pattes écartées)
- Dyspnée, respiration bec ouvert.

LES PRINCIPALES URGENCES ET SIGNES D'ALERTE CHEZ LES REPTILES

- Dyspnée, respiration gueule ouverte.
- Stomatites (infection buccale), diarrhées aiguës, prolapsus du colon (colon ressortant du cloaque).
- Dystocies, prolapsus du cloaque (retournement et éversion du cloaque vers l'extérieur), paraphimosis.
- Convulsions, mouvements anormaux (serpents regardant en l'air continuellement, etc.).
- Brûlures, morsures de rongeurs, combats entre reptiles.
- Fractures de carapace des tortues (tondeuse à gazon, attaque de chiens), chutes, fractures.

LE RÔLE DE L'ASV DANS LA GESTION DES URGENCES CHEZ LES NAC

L'ASV doit pouvoir lors de l'accueil téléphonique repérer tous ces signes d'alerte, proposer une consultation en urgence, et indiquer les premiers gestes conservatoires pouvant être effectués par le propriétaire. L'animal doit être placé au calme, au chaud et dans une petite caisse de transport :

- lors d'atteintes neurologiques avec tremblements et convulsions, le propriétaire doit prendre garde aux éventuelles morsures que pourrait lui infliger son animal ayant partiellement perdu connaissance ;
- lors de plaies importantes, une désinfection est possible à l'aide d'une solution de povidone iodée en solution dermique non alcoolisée diluée au dixième dans de l'eau ;
- dans le cas de brûlures chez un reptile, l'application sur la lésion de compresses humidifiées permet de limiter la déshydratation ;
- dans le cas d'importantes fractures de la carapace chez les tortues, le propriétaire peut éventuellement retirer les principaux débris tombés dans la cavité corporelle (morceaux d'herbe, de terre, de carapace) puis appliquer un linge ou des compresses humidifiées de façon à cacher la perforation et à limiter ainsi la déshydratation et le risque de ponte de mouche.

En dehors de ces conseils, le propriétaire doit éviter toute initiative personnelle qui pourrait être préjudiciable à l'animal et aggraver les lésions déjà présentes.

En attendant l'arrivée de l'animal à la clinique, l'ASV doit préparer l'équipement nécessaire à son accueil en urgence et adapté au motif d'appel : bouillottes, seringues, perfusions, matériel de chirurgie, médication pour réanimation, matériel d'hospitalisation, etc.

Il convient de souligner que de très nombreux motifs de consultation classiques chez les carnivores domestiques sont des urgences pour les NAC.

En effet, ils sont pour beaucoup, des animaux fragiles dont l'état général peut se dégrader très rapidement. Il est malheureusement fréquent que les propriétaires sous-estiment la gravité des symptômes de ces animaux et qu'ils arrivent dans un mauvais état général à la clinique vétérinaire.

Mémo

CE QU'IL FAUT RETENIR SUR LA CONTENTION

- Les conditions de la contention déjà exposées dans la première partie et les règles de sécurité.
- Les techniques de contention adaptées à chaque espèce.

CE QU'IL FAUT RETENIR SUR LES EXAMENS COMPLÉMENTAIRES ET LES TRAITEMENTS DES NAC

- Les limites dans la réalisation d'examens complémentaires (gabarit de l'animal notamment), les contraintes (anesthésie préalable, impossibilité de comptage automatique par un appareillage électronique des cellules sanguines des oiseaux et des reptiles pour la réalisation d'une numération/ formule, etc.) et les contre-indications (risque de décès si l'animal est en détresse respiratoire, etc.).
- Les sites de prélèvements adaptées à chaque espèce pour aider le praticien en choisissant la bonne technique de contention.
- Les techniques d'administration de médication et les précautions à prendre (pesée, toxicité, etc.) dans le même but.
- La nécessité absolue pour les clients d'éviter l'auto-médication.

CE QU'IL FAUT RETENIR SUR L'ANESTHÉSIE DES NAC

- La gestion de l'animal au bloc opératoire et les spécificités des NAC par rapport aux chiens et aux chats (diète pré-opératoire, hypothermie, évaluation de la profondeur de l'anesthésie, etc.).

CE QU'IL FAUT RETENIR SUR LES URGENCES

- Les principaux motifs de consultation en urgence spécifiques des NAC et les conseils téléphoniques à donner.

Test

TESTEZ VOS CONNAISSANCES
... POUR FINIR LA TROISIÈME PARTIE

Attention : il peut y avoir plusieurs réponses exactes, ou aucune !

1. LA CONTENTION DU CHINCHILLA SE FAIT :

a. Par la peau du dos
b. Par l'extrémité de la queue
c. Par les pattes arrière
d. Par les oreilles

2. QUELLES ESPÈCES FONT L'OBJET D'UN PHÉNOMÈNE DE LÂCHER DE POILS LORS D'UNE TRACTION SUR L'EXTRÉMITÉ DE LA QUEUE (« TAIL SLIP ») ?

a. La gerbille
b. Le chinchilla
c. Le furet
d. L'octodon

3. LA CONTENTION D'UN OISEAU DE PETIT GABARIT PEUT SE FAIRE :

a. Avec un gant en cuir
b. Avec une serviette
c. À une main, les doigts entourant le corps
d. À deux mains, ailes maintenues ouvertes en tenant l'extrémité des rémiges

4. LES MOYENS DE DÉFENSE DE L'IGUANE SONT :

a. La morsure
b. Les griffes
c. La queue
d. Le venin

5. LA CONTENTION D'UN SERPENT SE FAIT :

a. À deux mains, l'une maintenant la tête, l'autre le reste du corps
b. En refroidissant l'animal pour le rendre inoffensif

c. En soulevant l'animal par la tête
d. Par plusieurs personnes pour les animaux de très grand gabarit

6. PARMI LES MOTIFS DE CONSULTATION SUIVANTS, LESQUELS CONSTITUENT UNE URGENCE MÉDICALE ?

a. Fracture de la carapace
b. Prolapsus du colon
c. Opacité de l'œil chez une serpent
d. Tête basculée à la renverse chez un serpent

7. LES NAC SUSCEPTIBLES D'ÊTRE VACCINÉS SONT :

a. Le lapin
b. Le furet
c. La tortue
d. Le rat

8. LES PRINCIPAUX PARAMÈTRES À SURVEILLER LORS D'UNE ANESTHÉSIE SONT :

a. La température
b. L'humidification de la cornée
c. La profondeur de l'anesthésie
d. L'intubation systématique

9. PARMI LES MOTIFS DE CONSULTATION SUIVANTS, LESQUELS CONSTITUENT UNE URGENCE CHEZ LES MAMMIFÈRES ?

a. Anorexie associée à un ptyalisme
b. Anurie
c. Perte de poils
d. Torticolis

10. PARMI LES MOTIFS DE CONSULTATION SUIVANTS, LESQUELS CONSTITUENT UNE URGENCE CHEZ LES OISEAUX ?

a. Position en boule au fond de la cage
b. Perte de plumes
c. Œufs cassés dans le nid
d. Respiration gueule ouverte

Réponses

1 aucune - 2 a, b, d - 3 b, c - 4 a, b, c - 5 a, d - 6 a, b, d - 7 a, b - 8 a, b, c - 9 a, b, d - 10 a, d.

Si vous avez moins de six réponses exactes, revoyez la troisième partie !

Test

TEST D'ÉVALUATION FINAL

Attention : il peut y avoir plusieurs réponses exactes, ou aucune !

1. LESQUELLES DE CES ESPÈCES ANIMALES NE PEUVENT PAS ETRE IMPORTÉES EN FRANCE À L'HEURE ACTUELLE ?

a. La tortue grecque *(Testudo graeca)*
b. La tortue de Floride à tempes rouges *(Trachemys scripta elegans)*
c. Le chien de prairie *(Cynomys ludovicianus)*
d. L'iguane vert de Guadeloupe *(Iguana iguana)*

2. QUELLES ZOONOSES METTANT EN CAUSE LES NAC SONT À L'ORIGINE D'ATTEINTES DERMATOLOGIQUES CHEZ L'HOMME ?

a. La psittacose
b. La cheyletiellose
c. La teigne
d. La pulicose

3. PARMI LES ESPÈCES SUIVANTES, LAQUELLE EST PRÉDISPOSÉE AU DIABÈTE ET NE DOIT JAMAIS RECEVOIR DE SUCRERIES (EX : FRUITS ROUGES, GÂTEAUX) (1 RÉPONSE) ?

a. Le lapin
b. Le chinchilla
c. L'octodon
d. Le furet

4. PARMI LES ESPÈCES DE MAMMIFERES SUIVANTES, LESQUELLES ONT UN TEMPS DE GESTATION SUPÉRIEUR À 1 MOIS ?

a. La gerbille
b. Le cobaye
c. L'octodon
d. Le furet

5. **PARMI LES ESPÈCES D'OISEAUX SUIVANTES, LESQUELLES ONT UNE ESPÉRANCE DE VIE MOYENNE SUPÉRIEURE À 15 ANS ?**
   a. Le cacatoès
   b. La tourterelle
   c. Le diamant mandarin
   d. Le mainate

6. **LES PRINCIPALES CAUSES DE PICAGE CHEZ LES OISEAUX SONT :**
   a. Le stress
   b. Une carence alimentaire
   c. Les ectoparasites
   d. Une intoxication

7. **PARMI LES ESPÈCES DE REPTILES ET D'AMPHIBIENS SUIVANTES, QUELS MÂLES POSSÈDENT DEUX ORGANES COPULATEURS ?**
   a. La tortue
   b. Le lézard
   c. Le serpent
   d. La grenouille

8. **L'OSTÉOFIBROSE DES REPTILES EST UNE MALADIE CONCERNANT :**
   a. L'appareil digestif
   b. L'appareil respiratoire
   c. L'appareil squelettique
   d. L'appareil reproducteur

9. **LE PRÉLÈVEMENT SANGUIN À LA VEINE JUGULAIRE EST POSSIBLE CHEZ :**
   a. Le lapin
   b. Le furet
   c. Le perroquet
   d. La tortue

10. **UNE DIÈTE PRÉOPÉRATOIRE DE 24 HEURES EST À CONSEILLER CHEZ :**
   a. Le lapin
   b. Le furet
   c. Le perroquet
   d. Le serpent

Réponses

1 a, b, c, d - 2 b, c, d - 3 c - 4 b, c, d - 5 a, b, d - 6 a, b, c - 7 b, c - 8 c - 9 a, b, c, d - 10 aucune.

Si vous avez plus de six réponses exactes, félicitations !

PETIT LEXIQUE SUR LES NAC

AAC : Autres Animaux de Compagnie.

Aglyphe : terme caractérisant les serpents dépourvus de crochets venimeux (boa, python par exemple). Ces serpents sont incapables d'inoculer un venin à leur proie lors d'une morsure. La mise à mort de la proie se fait par constriction.

Annexes : listes, d'animaux ou de végétaux, établies par la législation internationale (CITES) ou la législation européenne et regroupant les espèces de la faune et de la flore protégées par ces réglementations.

Apodie : absence de membres. Elle est caractéristique des serpents, et des lézards sans pattes comme l'orvet.

Arachnides : ensemble d'arthropodes regroupant les araignées et les mygales.

Boïdés (ou *Boïdae*) : famille de reptiles appartenant à l'ordre des squamates et au sous-ordre des ophidiens à laquelle appartiennent les boas et les pythons.

Cannibalisme : c'est le phénomène par lequel un animal mange un de ses congénères. On le rencontre principalement chez le hamster quand les adultes tuent voire mangent les petits. La principale cause de ce phénomène est le stress.

Catalepsie : position d'immobilité ou de torpeur mimant la mort adoptée par un animal lors d'un stress ou d'une contention.

Caudectomie : section ou amputation (naturelle ou traumatique) de la queue d'un animal. Elle se rencontre chez de nombreuses espèces de lézards.

Caviomorphes (*Hystrichomorphes* ou *Hystrichognathes*) : sous-ordre des rongeurs auquel appartiennent le cobaye, le chinchilla et l'octodon.

Chéloniens : ordre des reptiles correspondant aux tortues.

CITES : *Convention on International Trade of Endangered Species (of Wild Fauna and Flora).* Convention internationale, aussi appelée Convention de Washington, signée en 1973 et visant à protéger les animaux et les végétaux menacés par le commerce.

Cloaque : méat urinaire, digestif et reproducteur, caractéristique des oiseaux et des reptiles.

Colubridés (ou *Colubridae*) : famille de reptiles appartenant à l'ordre des squamates et au sous-ordre des ophidiens à laquelle appartiennent le serpent des blés, le serpent roi, le serpent faux-corail, etc. Il s'agit de la famille des couleuvres.

Diurne : se dit d'un animal actif le jour (par opposition aux animaux nocturnes).

Domestique : qualifie une espèce qui a subi une pression de sélection continue et constante de la part de l'homme pour aboutir à des caractères stables génétiquement héréditaires (exemple : le furet est la forme domestique du putois) et inscrite dans une liste définie par le législateur (instruction NP/94/6 du 28/10/1994).

Dossière : partie dorsale de la carapace d'une tortue.

Ectotherme : caractéristique d'un animal dont la température interne dépend de celle de son environnement (exemple : les reptiles).

Estrildidés (ou *Estrildidae*) : famille d'oiseaux à laquelle appartiennent le diamant mandarin et le diamant de Gould.

Fringilidés (ou *Fringilidae*) : famille d'oiseaux à laquelle appartient le canari.

« Fur slip » : aussi appelé « lâcher de poils ». C'est le phénomène par lequel les poils s'arrachent lors d'un pincement de la peau de l'animal. Ce phénomène de défense naturel permettant de faire lâcher prise à un prédateur existe chez le chinchilla.

Hétérotherme : caractéristique d'un animal dont la température interne est variable (les reptiles par exemple).

IPPE : identification par puce électronique.

Lagomorphes : ordre des mammifères auquel appartiennent le lapin domestique, le lièvre et le lapin de Garenne.

Mycose : maladie due à un champignon.

Myomorphes : sous-ordre des rongeurs auquel appartiennent le rat, la souris le hamster et la gerbille.

NAC : Nouveaux Animaux de Compagnie. Les NAC regroupent l'ensemble des animaux de compagnie autres que les chiens et les chats. De nombreux animaux appartenant à la faune sauvage maintenus en captivité, comme les primates. Ils ne doivent pas être considérés comme des NAC.

Nidicole : caractéristique des nouveau-nés restant dans le nid et dépendant de leur mère. Ils sont dépourvus de poils à la naissance et aveugles. C'est le cas notamment des lagomorphes, myomorphes, sciuromorphes et des furets.

Nidifuge : caractéristique des nouveau-nés quasi autonomes à la naissance et capables de sortir du nid. Ils sont pourvus de poils, capables de se déplacer et ont généralement les yeux ouverts. C'est le cas des caviomorphes.

Ophidiens : reptiles appartenant à l'ordre des squamates et regroupant l'ensemble des serpents.

Ostéofibrose : aussi appelée *Metabolic Bone Disease* (MBD), c'est une maladie de croissance fréquemment rencontrée chez les reptiles chez lesquels elle est liée à un déséquilibre de l'apport calcique dans l'alimentation éventuellement associé à un manque d'exposition aux ultraviolets.

Oviparité : mode de reproduction caractérisé par la ponte d'œufs. C'est le mode de reproduction des oiseaux et de la plupart des reptiles.

Ovoviviparité : ce mode de reproduction est caractérisé par l'incubation d'œufs sans coquille dans le corps de la femelle. C'est un mode de reproduction intermédiaire entre l'oviparité (oiseaux) et la viviparité (mammifères). L'ovoviviparité ne se traduit pas par l'existence de structures spécialisées dans les échanges entre la mère et les petits qu'elle porte (tel qu'un placenta). C'est le mode reproducteur du boa constricteur, de la vipère, et du guppy.

PAC : Petits Animaux de Compagnie.

Paraphimosis : il s'agit de l'incapacité pour un mâle à replacer son organe copulateur en position de repos physiologique. Cette atteinte génitale peut être rencontrée chez tous les animaux et notamment chez les reptiles (incapacité à réintroduire l'hémipénis dans la poche hémipénienne située en arrière du cloaque dans le cas des serpents mâles).

PBT : *Prefered Body Temperature.* C'est la gamme de températures optimale dans laquelle un reptile doit être placé en captivité et qui correspond à la gamme de températures de ce reptile en milieu naturel.

Plastron : partie ventrale de la carapace d'une tortue.

Poïkilotherme : terme caractérisant les espèces animales dont la température interne est variable et dépendante du milieu extérieur. C'est le cas notamment des reptiles.

Psittacidés (ou *Psittacidae*) : famille d'oiseaux à laquelle appartiennent les perruches, les inséparables et les perroquets.

Ptyalisme : ce terme caractérise un animal qui bave par un excès de production de salive ou une difficulté à déglutir.

Pulicose : infestation par les puces.

Sauriens : sous-ordre des reptiles appartenant à l'ordre des squamates et regroupant l'ensemble des lézards.

Sciuromorphes (ou *Sciurognathes*) : sous-ordre des rongeurs auquel appartiennent l'écureuil de Corée et le chien de prairie.

Squamates : ordre des reptiles regroupant les sauriens et les ophidiens.

Stomatite : infection de la cavité buccale.

Sturnidés (ou ***Sturnidae***) **:** famille d'oiseaux à laquelle appartient le mainate.

« Tail slip » : phénomène d'arrachement de poils à l'extrémité de la queue lors d'une traction exercée sur celle-ci. Ce phénomène de défense naturel permettant de faire lâcher prise à un prédateur est rencontré chez le chinchilla, la gerbille et l'octodon.

TMP : Température Moyenne Préférée. Terme équivalent à la PBT.

TSD : abréviation des termes Temperature-dependant Sex Determination. C'est le phénomène par lequel la température d'incubation des œufs peut influencer le sexe de l'embryon. Cette particularité de la reproduction ne concerne que certaines espèces de reptiles dont la détermination du sexe n'est donc pas chromosomique comme c'est le cas chez les oiseaux et les mammifères.

VHD : abréviation des termes *Viral Hare Disease.* C'est la maladie hémorragique virale qui touche les lapins de compagnie.

Zoonose : maladie pouvant être transmise d'un animal à l'homme (teigne, salmonellose par exemple).

ZTO : Zone de Température Optimale. Terme équivalent à la PBT.

Bibliographie

BIBLIOGRAPHIE MAMMIFÈRES

Boussarie D., *L'octodon.* Éd. Philippe Gérard/Bornemann, 2001.

Cappelletti A., *Le chien de prairie.* Éd. De Vecchi, 2001.

Cavignaux R., *Le chien de prairie.* L'action Vétérinaire, 13 novembre 1998, n°1457.

Gould E., *Les Mammifères. Encyclopédie des animaux.* Éd. Bordas 1991.

Hauchet S., *Le porc, animal de compagnie.* Thèse pour le doctorat vétérinaire, ENVA, 1998.

Hillyer E.V. & Quesenberry K.E., *Ferrets, Rabbits, and Rodents : Clinical medicine and surgery.* Éd. WB Saunders, 1997.

Hoefer H.L., *Clinical approach to the african hedgehog. Proceedings of the North American Veterinary Conference,* Orlando 1999.

Morris P. & Berthoud G., *La vie du hérisson.* Éd. Delachaux & Niestlé, seconde édition 1992.

Tremblay M., *Le chinchilla.* Éd. Le jour, 2000.

Tremblay M., *Le furet.* Éd. Le jour, 2000.

BIBLIOGRAPHIE OISEAUX

Alderton D., *L'encyclopédie des oiseaux de cage et de volière.* Éd. Point vétérinaire, 1992.

Altman, Clubb, Dorrestein, Quesenberry, *Avian medecine and surgery.* Éd. W.B. Saunders Company, 1997.

André J.P., *Les maladies des oiseaux de cage et de volière.* Éd. Point Vétérinaire, 1990.

André J.P., *La consultation des psittacidés.* Le point Vétérinaire, 1996, 28 (177), 215-221.

Barrat G., *Le perroquet gris du Gabon.* Éd. de Vecchi, Paris, 1998.

Cavignaux R., *Le milieu de vie de l'oiseau en consultation.* Action vétérinaire n°1519, 05/05/2000.

Cavignaux R., *L'oiseau en consultation.* Action vétérinaire n°1560, 18/05/2001.

Cogger H.G., Forshaw J., Gould E., McKay G. & Zweifel R., *Encyclopédie des animaux.* Éd. Bordas, 1994.

Duranceau S., *Les amazones (Amazona) : maintien en captivité, consultation et dominantes pathologiques.* Thèse de doctorat vétérinaire, ENVA, 2002.

Forbes N.A. & Lawton M.P., *Manual of psittacine birds.* Éd. BSAVA, 1996.

Gabrisch K. & Zwart P., *La consultation des nouveaux animaux de compagnie.* Éd. Point Vétérinaire, 1992.

GISMONDI E., *Le grand livre des perruches et perroquets.* Éd. de Vecchi, 1998.
LANCRET J., *Oiseaux de cage et de volière.* Éd. Solar, 1996.
TOUSSAINT R., *Oiseaux de cage et de volière.* Éd. Arthaud, 1990.
VESELOVSKY Z., *Encyclopédie illustrée les oiseaux.* Éd. Gründ, 1996.

BIBLIOGRAPHIE REPTILES, AMPHIBIENS, ARTHROPODES

ACKERMAN L., *The biology, husbandry and health care of reptiles,* 3 volumes. Éd. TFH, 1997.
AULIO R., DAOUES K, GÉRARD P. *et al., Les lézards.* Atlas de la terrariophilie volume III. Éd. Animalia, 2003.
BAUCHOT R., *Les serpents.* Éd. Bordas, 1994.
BOUR R., CADI A., GUYOT G. *et al., Les tortues terrestres et aquatiques.* Atlas de la terrariophilie volume II. Éd. Animalia, 2002.
BROGARD J., *Les maladies des reptiles.* Éd. du Point Vétérinaire, 1992.
FRYE F.L. *Reptile care.* Éd. TFH, 1991.
FRYE F.L. et WILLIAMS D.L., *Self-assessment colour review of reptiles and amphibians.* Éd. Manson publishing, 1995.
GÉRARD P., *L'iguane vert.* Éd. Philippe Gérard, 1998.
GÉRARD P., HUSSARD N., ROSSELLE S. *et al., Les serpents.* Atlas de la terrariophilie volume I. Éd. Animalia, 2001.
MADER D.R. *Reptile medecine and surgery.* Éd Saunders, 1996.
MASIAC Y., *Les araignées.* Éd. de Vecchi, 2002.
MARAN J., *L'élevage des tortues terrestres.* Éd. Philippe Gérard, 1999.
MERMINOD C., *L'élevage des dendrobates et des mantella.* Éd. Philippe Gérard, 2000.
OBST F.J., RICHTER K. et JACOB U., *The completely illustrated atlas of reptiles and amphibians for the terrarium.* Éd. TFH, 1988.

BIBLIOGRAPHIE NAC/FAUNE SAUVAGE

ANDRE J.P., BELLANGEON M., BOUCHER S. *et al. Nouveaux Animaux de Compagnie.* Numéro spécial Point Vétérinaire, vol 30, 1999.
BEYNON P.H. et COOPER J.E. *Manual of Exotic Pets.* 3rd ed. Éd. Beynon & Cooper, 1991.
BOUSSARIE D., SCHILLIGER L. et RIVAL F. *Vade-mecum d'anesthésie des N.A.C.* Éd. Med'com, 2002.
BROWN S.A. & ROSENTHAL K.L., *Self-assessment colour review of small mammals.* Éd. Manson publishing, 1997.
CARPENTER J.W., MASHIMA T.Y. et RUPIPER D.J., *Exotic animal formulary.* Éd. Saunders, 2001.
CORROY P., *Contention et anesthésie des espèces insolites.* Thèse de doctorat vétérinaire, ENVA, 1991.

GABRISCH K & ZWART P., *La consultation des nouveaux animaux de compagnie.* Éd. Point vétérinaire, 1987.
JOHNSON-DELANEY C.A., *Exotic companion medecine handbook.* Éd. Wingers Publishing INC, 1996.
MALTAIS D. & SAINT-PIERRE M., *Soigner les animaux en toute sécurité.* Éd. Saint-Martin, 1991.
MEREDITH A. et REDROBE S., *Manual of exotic pets.* 4e éd. Éd. BSAVA, 2002.

Table des matières

Notes

Notes

Notes

Notes

Notes

Notes

• • • SAGIM CANALE • • •

Achevé d'imprimer en mai 2004
par l'imprimerie SAGIM CANALE à Courtry (77)

Mise en pages : *CAHOUÉ Compogravure*, Colomiers (31).

Imprimé en France

Dépôt légal : mai 2004
N° d'impression : 7517